はじめに

『司書のお仕事　お探しの本は何ですか？』はたいへんご好評を頂き、このたび第二巻を刊行することとなりました。

一巻をお読みくださった皆さま、誠にありがとうございます。また、二巻から初めて手に取ったという皆さま、こちらをお読みになってもし興味がありましたら、ぜひ一巻のほうに戻って頂ければと思います。

一巻では、司書の方が図書館でどのような仕事をされているのかということについて、主に司書になりたいと思っている高校生の皆さんや、司書課程で勉強を始めた大学生の皆さんに向けて、ストーリー形式でわかりやすくご紹介できるようにということで構成しました。そのため、NDC分類とは何か、図書館でのイベント企画、レファレンス・サービス、学校図書館と公共図書館との違いなど、司書の仕事をする上で基本となる事柄を中心に取り上げています。

今回は二冊目ということで、発展編となります。

特別整理期間とは何か、蔵書点検、司書として就職するための方法、図書館で調べものをするときに使うデータベースの考え方、行政サービスや生涯学習との関わりのほか、書籍以外の図書館サービス、「読書バリアフリー法」、地域連携のあり方など、近年の図書館をめぐって問題になっている新しいトピックも取り上げています。

今回も、監修の小曽川真貴さんに、小説の本文中に出てくる用語の解説や、本文で扱ったテーマについてのコラムを書いて頂いています。小説の本文とあわせてお読み頂ければ、「司書のお仕事」について、より詳しく知ることができるのではないかと思います。

さて、一巻を出してから今までのあいだに、「図書館」をテーマにした二つの映画が日本で公開され、大きな話題になりました。

一つ目は、二〇一七年にアメリカで公開され、二〇一九年に日本でも上映された『ニューヨーク公共図書館　エクス・リブリス』です。これは、世界でも屈指の私立図書館であるニューヨーク公共図書館（New York Public Library）の舞台裏をドキュメンタリーとして撮影し、構成したものです。今、アメリカの図書館でどういう試みが行われているのか、何が問題となっていて、図書館が社会の中でどのような役割を背負っているのかについて、さまざまな角度から映し出しています。

二つ目は、二〇一八年に制作され、二〇二〇年に日本で公開された『パブリック　図書館の奇跡』。これは、主演のエミリオ・エステベスが監督、脚本もつとめ、アメリカのシンシナシティ図書館を舞台に、七〇人のホームレスが図書館を占拠するというストーリー。『ロサンゼルス・タイムス』紙に寄稿された公共図書館の副理事長のエッセイを読んでストーリーに仕立てたとのことですが、図書館における「公共」のあり方という非常に重要なテーマを、正面から扱っています。

どちらもアメリカの図書館を舞台としているので、日本とは遠い出来事のように思われるかもしれません。しかし、こうした図書館でのさまざまな試みや、図書館が抱える多くの問題は、ヨーロッパ各国や東アジア各国の図書館でも同じように見られます。また、『司書のお仕事』一巻を刊行してから、司書として図書館の現場で働いている多くの方からお話を伺いました。その中で、日本の図書館でも、各国の図書館が抱えているものと同じ問題が、少なからず共有されているように思いました。

この本ではどちらかというと日本の図書館での話題が中心になっていますが、こうした世界各国の図書館の動きも、本文の中に少しずつ取り入れるようにしています。そのため、これらの作品と本書とを合わせてご覧頂くことで、司書という仕事に就きたいと考えている皆さんや図書館に関わっている皆さんと、図書館という場所とそのあり方について、一緒に考えていくことができればと思っています。

二〇二〇年八月

大橋　崇行

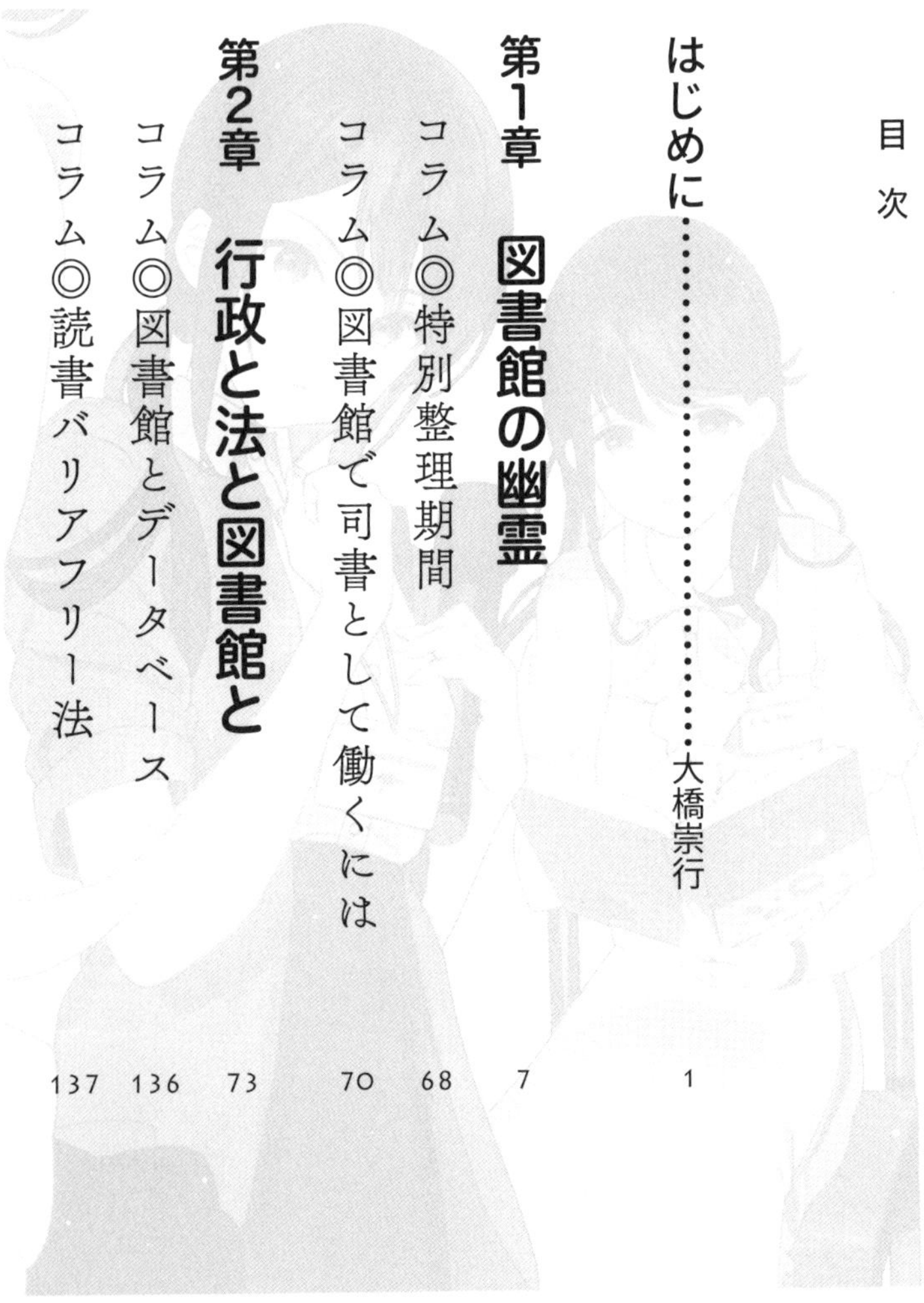

目次

主要人物紹介

稲嶺《いなみね》双葉《ふたば》

公務員試験で採用されて味岡市立図書館で働く司書。一般書担当。

高校生の時までは部活一筋でほとんど本を読まない生徒だったが、自宅近くにある味岡市立図書館の分館で智香と出会って彼女に憧れ、都内の女子大に進学し、司書資格を取得。

明るく元気で、ちょっとしたことではめげない性格。子どもの頃から探しものが得意。仕事に追われて、よく館内を走り回っている。

山下《やました》麻美《あさみ》

児童書担当。年齢は双葉より三つ上だが、司書としては一年先輩。口数が少なく、思ったことをそのまま言ってしまう性格に見えるが、実は単に人見知りで口べたなだけで根は優しい。

大学院まで英文学を専攻し、司書という仕事に強い使命感を持っている。レファレンス調査の能力は高く、その実力には館長や智香も太鼓判を捺している。

趣味は同人誌制作と、全国各地の図書館めぐり。

花崎《はなさき》智香《ともか》

双葉と麻美の上司で、図書館の主任司書。文芸書担当。

人当たりが良く、気さくで可愛らしいお姉さん。だが、館内では彼女だけは怒らせてはいけないと囁かれている。

図書館の近くにあるマンションで一人暮らしをしているが、館員たちは誰もその部屋に足を踏み入れたことがなく、彼女のプライベートは謎に包まれている。

第1章 図書館の幽霊

夜の図書館は、静かだ。

味岡《あじおか》市立図書館は全体が防音壁で覆われている上に、微かに響いているはずの空調の音も、排架されている本の紙に吸い取られてしまう。だから、ずっと館内にいると、あまりの静寂のために耳鳴りがキーンと聞こえてくるという、不思議な感覚にとらわれる。

私は、この瞬間がたまらなくいとおしい。

午後九時二十二分。もう閉館時間を過ぎているので、利用者もいない。

床に敷かれたカーペットを踏みしめて、一階にある書架と書架とのあいだを歩く。

本はきちんと分類どおりに並べられているか。本来あるべきではないところに戻されてしまっている本はないか。確認をする。そうして書架を眺めながら、思わずスキップでもしてみたくなる衝動に駆られる。

……けれども、私はふとその足を止めた。

二階だろうか。上のほうから、何かコトンと物音が響いてきたような気がした。

おかしい。今日は私が施錠当番だから、もう他の図書館員は誰も館内にはいないはずだ。しかも、二階と三階はもうさっき巡回をして、電気を消してきた。だから、物音なんてするはずがない。

もしかすると換気用の窓が開いていて、鳥にでも入られたのだろうか。

首を傾げながら、階段へと足を向ける。

幸いなことに、懐中電灯を持っていた。一階を消灯してしまうと職員用玄関のあたりも真っ暗になってしまうから、外に出るときに使うものだ。玄関先に置いておくと、次の日に最初に出勤する人が、回収してくれることになっている。

うちの図書館では、職員用の鍵を持っているのは、図書館員の中では私たち専従の司書と一部の職員だけだ。あとは、カウンター業務を委託している図書館運営センターのチーフに、一本渡してある。そのため鍵開け当番も、私たち司書の仕事になる。

真っ暗な階段を、足下を照らしながら上る。

十月も終わりに近づいているせいか、空気がひんやりとしている。背中がゾクリと震えるような感覚がある。

階段を上りきったところで、懐中電灯の光を書架に向けた。

右、真ん中、左。

……誰も、いない。

鳥や蝙蝠《こうもり》が、入り込んだような気配もない。

「誰かいますかーっ？」

私は、声を張り上げた。その声は反響することもなく、閲覧室の空気にすうっと吸い込まれるように消えていった。

気のせいだったのだろうか。

体を翻して、階段を下りようとした。すると、今度はバタバタと、一階から音が聞こえる。

慌てて、階段を駆け下りた。

まだ電気は点《つ》いている。書架と書架とのあいだ。閲覧席。館内を見て回る。

……けれども、やっぱり誰もいなかった。

私は息を弾ませながら、三分くらいその場にぼんやりと立ち尽くしていた。

そして、どこか釈然としない思いを抱えたまま、電気を消して図書館をあとにした。


「あれ？　双葉《ふたば》じゃない！」

職員用玄関を出たとたん、いきなり声を掛けられた。

館内で聞こえた物音のことがあったので、私の心臓はドキリと高鳴る。

恐る恐る声の聞こえた方向に目を向けると、来館者用駐車場のほうから、一人の女性らしい人影が歩いてくるのがわかった。暗がりの中で目を凝らしているうち、近づいてきたところでようやく、北本奈美《きたもとなみ》だと気が付いた。中学校時代の同級生だ。

「奈美!?　久しぶりだね！」

私の声は無意識のうちに裏返り、高くなっていた。

「東京から地元に帰ってきてるって、本当だったんだ」

奈美は言いながら、肩に提げたバッグの中に手を差し入れた。しばらくして、

「はい、これ」と、三冊の本を、私のほうに差し向ける。

「あ、ありがとうございます」

私は妙にかしこまって、その本を両手で受け取った。本を見た瞬間に、司書としてのスイッチが入ってしまう。

「図書館で働いているっていうから、カウンターを覗いてみたんだけれど。双葉、ぜんぜんいないよね」

「私、カウンターよりも、中で働いていることが多いからさ」

「へえ……司書って、カウンターの中でも仕事なんてあるんだ」

「まあ、いろいろとね」

中と言っても、カウンターの中ではない。事務室での仕事が山のように積み重なっている。

本当はカウンターの仕事もしたいんだよ！

私はそんな言葉をグッと飲み込んだ。それに、館内での仕事は、入職してから書きためた業務日誌を見てもらいでもしないと、わかってもらえないような気がした。

私たちは、その場でしばらく立ち話をした。

どうやら奈美は、地元の大学を卒業したあと、実家から車で三十分ほどのところにある会社で働いているらしい。今日はその帰り。閉館時間には間に合わなかったので、借りていた本を返却ポストに入れるつもりで持ってきてくれたということだった。

「来週から、十日間まるまる休館になるんでしょ？　だから、返しておこうと思って」

奈美はそう言って続けた。

「いいよねえ……司書って楽で。今どき、十連休が取れる仕事なんて、他にないよ。ねえ、どっか遊びにでも行くの？」

その一言に、私は顔を引き攣《つ》らせた。

反論したい衝動に駆られる。けれども、自分の表情が奈美には見えないように顔を逸《そ》らした。いくら同級生だったとはいえ、利用者に食ってかかるわけにもいかない。

「とりあえず、ちょっと中に戻って返却処理をしておくよ。ありがとう！」

私はことさらに大きな声で言って、ふたたび鍵を開けて館内に戻った。

せめて、休館する十日間にやる仕事だけでも、説明しておけば良かっただろうか。何も言わずに奈美と別れてしまったことで、私の中のモヤモヤとした気持ちだけが、風船のようにどんどん膨れあがっていった。

＊　＊　＊

「もーっ！　司書が楽な仕事だっていう言葉、もうホント聞き飽きました。百万回聞きましたー。一億万回聞きましたー‼」

翌日。私は出勤するなり、事務室にある自分のデスクに突っ伏して、声を張り上げた。昨日の夜からずっと溜まっていた言葉を吐き出したのだ。

「子どもじゃないんだから……というか、一億万回って、どういう単位？」

向かいの席にいた麻美《あさみ》さんが、苦笑しながら私の言葉に反応する。

「だって、特別整理期間は司書が休んでるっていうのは、さすがにひどくないですか？」

「まあ……たしかに、図書館が休館のときは、職員も休んでいると思われがちよね。学校の先生が、夏休みには休んでいると思われるようなものかな」

麻美さんは仕事の手を止めることもなく、パソコンのキーボードを叩きながら声だけを私に向けた。

味岡市立図書館は、毎年十一月の第一月曜から十日間、特別整理期間のために休館することになっている。本が決まった場所に排架されているか、行方不明になっている本や修理が必要な本はないかを点検したり、開架書架にある古くなった本を閉架書庫に移したりといった作業を、まとめてやる時間を取るためだ。(↓コラム◎特別整理期間、六八頁)

味岡市の場合は、市の図書館条例で時期が決められている。だからこの期間に、何が何でも決められた作業を終わらせなくてはいけない。入職して一年目だった去年は、いつもの開館日以上に忙しかった記憶がある。

「特別整理期間なんて、忙しくてむしろ十日間ぜんぶ出勤で休めないくらいなのに、それで楽をしてるみたいに言われるのはさすがに納得いかないです」

私がふて腐れたように言うと、背後から声が聞こえた。

「仕方ないわ。私たちだって、他の仕事をしている人たちがどんなふうに働いているか知らないもの。お互い様じゃない」

振り返ると、襟が白くて、昔の映画に出てくるヒロインみたいなピンクのワンピースを着た智香《ともか》さんが立っていた。今日は智香さんが遅番の施錠当番なので、十四時出勤になっていたはずだ。まだ十時前だから、仕事をするために早めに早めに出勤してきたのだろう。

「おはようございます！」

私は慌てて、声をあげた。

「おはようございます」智香さんはにっこりと私に微笑みかけて、「気になるなら、年明けのイベント企画にしてみれば？」と、言いながら、私の左側にある自分の席に座った。

「司書のお仕事を紹介する感じ、ですか？」

「それだけだと来る人が限られるから……そうね、たとえば、いろいろな仕事をしている人をお招きして、自分がやっている仕事がどんなものなのかを話してもらうとか」

すると麻美さんが、

「当日、来て下さる方の仕事に関わる本の展示と合わせてすれば、イベントとしての幅も出そうですね。対象は、中高生ですか？」と、顔を上げて智香さんに訊《たず》ねた。

私たちのあいだでは、こうした何気ない日常的な会話が、いつのまにか図書館の運営や企画についての会議のようになっていることが多い。

「それでもいいんだけれど。生涯学習課から、合同でイベントを開催できないか、っていう打診が来てたでしょ？　だったら、大学生とか社会人向けでもいいんじゃないかな」

「お客さん、来ますかね……」

私は、呟くように声を漏らした。

大学生は大学図書館があるので、なかなか公共図書館に足を運んでくれない。

味岡市立大学の高岡《たかおか》先生によると、市立大学の図書館とうちの図書館が提携していて、本の相互貸出をしていたり、お互いに蔵書が重ならないように調整したりしていることも、知らない学生が多いらしい。市立図書館に来れば資料があるのに、大学図書館でみつからないと、調べものを諦めてしまう学生が少なくないのだという。

こういう状態だから、大学生向けのイベントというのはとても難しい。

それに、社会人向けのイベントは、どうしても本を出している著者さんや、テレビに出ている有名な人を呼んで講演してもらったほうが、人が集まりやすい。

イベントでどれくらいの人数が集まったかは、イベント報告書を市役所に持っていくときに、いちばん注目されるところになる。そう考えると、智香さんの提案は、かなり難しいように思えた。

けれども、智香さんは言った。

「お客さまが来なくても、館長を司会者《ファシリテーター》にしていろいろな仕事をしている人たちが円卓会議《ラウンドテーブル》で話し合うだけでも、十分にやる意味はあると思うの」

「円卓の周りに一般の方が座れる席を囲むように置いて、後半はその人たちからも質問を受ける形ですね」

麻美さんが、それならできるかも……と、仕事の手を止めてじっと考え込んだ。

「どれくらい一般の方が集まるかも大事かもしれないけれど、図書館でもこういういろいろなイベントができるんだっていうことを、市民にアピールしておくことも大事じゃないかな」

こういうところで、智香さんは肝が据《す》わっている。目先の来場者を追いかけるよりも、一つのイベントを開催したあとにどういう企画につながるのか、いつも先の先を考えているように見える。

「そういえば、話は変わるんですけど……昨日の夜、私が施錠しようとしたときに、何か二階で物音が聞こえたような気がしたんですよね」

私はふと、思い出したことを口に出した。

「物音？」

智香さんが、首を傾げた。

「はい。もしかしたらまだ誰かいるのかと思って上に戻ってみたんですが、誰もいなかったんですよ。いちおう、報告しておこうと思いまして」

「そうなんだ。古い建物だから、ときどき変な音が聞こえたりはするけれど……」

「鉄筋コンクリート製なのに音がするっていうのは、さすがにまずくないですか？」

たしかに味岡市立図書館は、建物が古い。市議会では何度も新しい建物に建て替える案が出ているけれど、予算がなかなか取れないということで話が進まないらしい。

そんなことを考えていると、智香さんは悪戯っぽく笑って、「何年か前にも同じようなことはあったのよね……そういえば、双葉ちゃんは知ってる？」と、下から見上げるように、視線を動かした。

「何をです？」

「この図書館があったあたりは、戦国時代に大きな戦いがあった戦場だったのよ。それで昔から、夜になると、その戦いで討死《うちじ》にした武将の幽霊が出るっていう噂があってね……」

智香さんは怪談師のようにゆっくりと、声を低くして語り出した。

こういう演技は得意らしい。絵本の朗読のお手伝いに入るときにも、ボランティアの人たちやお母さんたちのあいだで、読むのが上手だと評判になっている。それでも、

「図書館に武将の幽霊っていうのは、さすがにちょっとネタとしても厳しいですよね？」と、私は麻美さんをチラリと見た。

「そ、そうね……」

麻美さんは、すうっと私から視線を逸《そ》らした。

「ん？　どうしました？」

「なんでもない」

麻美さんが早口に言うと、智香さんがニコニコ笑って続ける。

「麻美ちゃんって、こういう怖い話がすごく苦手なの」

蔵書点検用の携帯読み取り機
(写真提供:株式会社ブレインテック)

「ほら、図書館の裏手に小さな祠《ほこら》があるでしょ? あそこには、戦争で亡くなった兵士が祀《まつ》られているんだって。それで、夜になると白い影が……」

「や、やめて下さい!」

麻美さんは悲鳴のように声をあげて、体を縮めるように肩を竦《すく》めた。

こういうときに悪ノリしてしまうのは、智香さんの悪いクセだ。

かわいそうだとは思いつつも、私は幽霊なんていかにも信じていなさそうな麻美さんの意外な一面に驚きながら、二人のやりとりを眺めていた。


特別整理期間が始まった。

味岡市立図書館では、蔵書点検を、図書館運営センターから来ている委託スタッフの人たちがやることになっている。

書架から本を取り出して、携帯用の読み取り機で本の裏表紙に貼られているバーコードを読み取っていく。書架一つにつき、スタッフ一人が割り当てられているようだ。それぞれの棚から、ピッ、ピッ、ピッ……と、次々に電子音が響いてくる。

図書館の書架をいくつかのブロックにわけて作業をしていて、そのブロックの点検が終わると、そこになかった本のうち、貸し出し中ではない本のリストが私たちのところに届く。そこから本の捜索が始まる。

これが、いちばんの地獄になる作業だ。

本棚の後ろに落ちていたり、別の書架からみつかったりするのはまだ良いほう。何冊かは、どうしてもみつからない本が出てくる。どんなに探し続けても、出てこない。

そういうときはほとんどの場合が、図書館から本が盗み出されているケースになる。

図書館の入口にＢＤＳゲートを設置してから、だいぶ少なくなったそうだ。それでも、どうやってゲートの反応を防いでいるのか、どうしても毎年一〇〇冊近くは出てきてしまう。

多くの場合が新しい本や珍しい本で、インターネット上のオークションで売られていたり、古書店に持ち込まれていたりする。最悪の場合、それで売れなかった本がゴミ捨て場や町中に、捨てられていることもあるという。

「このあいだ、山林で図書館の本が大量にみつかったってニュースがあったでしょう？　あれもたぶん、盗まれたんだと思う」

図書館運営センターから渡されたリストを手にぽつりと麻美さんがこぼした言葉に、私は、なんだかすごく悲しい気持ちになった。

公共図書館の本は、税金で買われている市民の財産だ。だから、私たちはいつも議論を重ねて、どの本を図書館で受け入れるかを選んでいる。そうして図書館に排架された本を盗まれてしまうというのは、やりきれない思いになる。

蔵書点検の作業と並行して、私たちは、委託スタッフには任せられないことになっている業務を行う。たとえば、蔵書整理。一般の利用者が見られる開架書架に置ける本には限りがあるので、古くなった本をまとめて除架し、利用者は入ることができない閉架書庫に移す。その本たちを入れるために、閉架書庫にあるさらに古い本や状態の悪い本を除籍する。

この作業は、蔵書目録との戦いだ。

味岡市立図書館には五十万冊以上の本があるので、その中から除籍できる本を慎重に選んでいく。まずは、近隣の図書館に蔵書がある本や、図書館に二冊以上同じ本の蔵書がある「複本」から、除籍、廃棄していくことになる。

この他にも、新しい展示コーナーの設置や、館内

除架と除籍

「除架」と「除籍」、聞きなれない言葉だと思いますが、どちらも本を「除く」作業のことです。「除架」は「架」、つまり棚から本を除くことですが、この場合は「開架」から本を除き、職員しか入れない閉架書庫へ移動することを指します。ふたつめの「除籍」は「籍」を除くこと、つまり「図書館にある本です」という記録を除きます。いわゆる「廃棄」処理をすることです。簡単に言えば、「本を書庫に入れる」「本を廃棄する」という意味です。どちらも難しい決断ではありますが、物理的に限界があるので、苦しいながらも下さねばなりません。建物を増設できれば良いですが、現実的にはなかなか難しいです。本を除籍せずすべて残している国立国会図書館は、東京の「本館」と隣の「新館（書庫のみ）」、そして「関西館」と増設してその役割を果たしていますが、現在の関西館も二〇一九年度末には限界を迎える予想で、すでに五〇〇万冊収蔵できる書庫棟が増設されています。建物は閉じた本が並んでいる形がモチーフとなっています。

ひとつの図書館ではすべてを保存することは困

の飾りの模様替えなど、やることはいくらでもある。引っ越し屋さんみたいに段ボール箱を抱えて図書館内を走り回るので、特別整理期間はいつも以上に肉体労働が多くなる。

「……それにしても、今年は去年以上にキツくないですか？」

地下にある閉架書庫の奥で首に掛けたタオルで額の汗を拭いながら、私は麻美さんに言った。入職一年目だった去年の特別整理期間よりも、明らかに仕事量が増えている。

麻美さんは、白いTシャツにジャージのズボンを穿いていた。整理期間中は、服装なんて気にしていられない。

「今は星野くんが、なかなかアルバイトに来られないからね」

「そういえば、修士論文が終わらない、って言ってましたね」

「人文系の修士は二年で終わらせないで三年かけることも多いんだけれど……今、どれくらい進んだか、何か聞いてない？」

そう麻美さんに言われて、私は裕樹からスマホに送られてきたメッセージを思い起こした。

最近は忙しいのか、メッセージを送ってくることも少なくなっている。幼なじみで、私の職場で

難なので、いくつかの図書館で分担して保存したり、共同書庫に本を保存したりすることもあります。共同の保存図書館を「デポジット・ライブラリー」と呼びます。愛知県には愛知県図書館が中心となった協同保存活動「あいちラストワン・プロジェクト」というものがあり、愛知県内で最後の一冊を保存するよう努力しています。東京では多摩地区に「NPO法人　共同保存図書館・多摩」があり、活動しています。

アルバイトをしているとはいえ、プライベートなことはなかなか聞きにくいように思える。

私がぼんやりしていると、

「それに、十月に会計年度任用職員の杉沢《すぎさわ》さんが、お家の都合だって言って辞めたじゃない？」と、麻美さんが言った。

「そういえば、そっちもまだ補充できてなかったですね」

私は、館長、智香さんの二人と杉沢さんが事務室でやりとりしているのを思い出しながら、漏らすように声を出した。

「YAをお願いしていたからけっこう痛いよね。この特別整理期間のあいだに、YAコーナーの展示を入れ替えと、新しい棚の設置をすることになってるでしょ？『多言語多読』の。だから、どうしようかと思って」

麻美さんはそう言って、小さくため息を吐いた。

「多言語多読」とは、外国語を勉強するときに、自分が使えるようになりたいと思っている言語で書かれた本を、とにかくたくさん読んでいくという学習法だ。

語学の勉強は、中学や高校で勉強する文法を固めたら、あとは気力と根性と継続性。中学生までの勉強を完璧にできていれば、実はけっこう英語ができるようになるのだという。

けれどもその言語に触れていないとすぐに忘れてしまうし、会話をしているだけではなかなか使えるようにはならない。教科書を読むだけでは、英語に触れる絶対量が足りない。だから、できるだけ文法的にしっかりとした文章を、少しくらい単語の意味がわからなくても前後の文脈からだいたいの推測をしながら、とにかく数を読むのが良いのだという。

　この学習法は図書館と馴染みやすいので、今、全国にある数多くの館で、ＹＡコーナーに設置されている。うちの図書館では今までやっていなかったので、麻美さんの提案で作ってみることになった。

　麻美さんは英文学を大学院まで勉強していたので、こっちの仕事は得意分野だ。

とすると、問題は――。

「ＹＡの展示、どうしますかね……」

　私は大きく息を吐いた。

「そうなのよ。早く、次の人をみつけないと……私、ＹＡってちょっと苦手だし」

「麻美さんでも、司書の仕事で苦手なことってあるんですね」

　私がしみじみと声を出すと、麻美さんは、眉間に皺を寄せた。

「それって嫌味？」

「違いますよ。麻美さん、怖い話が苦手なのはともかく、司書の仕事ならなんでもできそうなんですもん」

「双葉、前もそんなこと言ってなかったっけ？」

「……そうでした？」

私は、記憶の糸をたどった。

そういえば、前に地下にある閉架書庫でみつかった古典籍の目録を作ったときに、同じような会話をしたかもしれない。

「YAは、中高生向けに出版されている本もあるんだけれど、あまり数が多くないから、足りないぶんを大人向けの本から選んで補っていかないといけないでしょ？　でも、中高生がどれくらいの本が読めるのかって、何度選書してもわからないのよ」

「学校や学年によっても、まちまちですしね……」

「誰か、YAに詳しい人がいれば良いんだけれど」

「智香さんとか、館長に相談したらどうですか？」

「もうしたわ。でも二人とも、まずは私が思うようにやればいいって」

「言いたいことは、なんとなくわかりますけどね」

たしかに智香さんや下諏訪《しもすわ》館長ならそう言うだろうと、私は納得していた。たぶん二人は、麻美さんがYAや児童書があまり得意ではないのを知っていて、あえて仕事を振っている。

司書にはそれぞれ必ず、得意な本のジャンルがある。

けれども、たとえば小説の選書が得意だったとしても、日本で出版されている本のうち小説が占めている割合は、文庫と文芸書とを合わせても二割にも満たない。司書として働いていくためには、残りの八割以上の本たちとも、ずっと付き合っていかないといけない。

だから、できるだけいろいろな本を担当して、自分が選書できる分野を広げていく必要がある。

智香さんと館長は、いつもそう言っている。

そしてこのことは、小説を読むのが好きだからという理由で司書を目指す人が多いけれど、それだけではなかなか続かない人が多い理由の一つでもあるのだという。

「そうだ……良い考えがあります！」

私はふと思い立って、手のひらをパチンと合わせた。

「どうしたの？」

「ちょっと待ってて下さい！」

そう言い残して、閉架書庫を出て階段を駆け上がる。コッコッコッコッ……と、足音が響く。

目指すは、一階の児童書コーナーにある開架書架だ。そこには……。

「あっ、やっぱりいた！」

私が声を出すと、図書館運営センターの委託スタッフの人たちが、一斉に私を見た。それぞれがバーコードの携帯用読み取り機を片手に、担当している書架で蔵書点検の作業を進めている。

その中から私は、ＹＡ棚の前にいる裕美《ゆみ》を見つけ出す。そして、

「ちょっと来て！」と、彼女の手を握った。

「ちょっ……どうしたんですかっ、稲嶺《いなみね》さん!?」

「いいから、いいから」

私は、裕美の声や周りにいた委託スタッフの人たちの視線に構わず、そのまま裕美を児童書コーナーから連れ出した。

「もう……稲嶺さん、強引なんですから」

麻美さんと一緒に地下書庫から三階にある事務室に上がってソファに腰掛けると、裕美はどっと疲れたように息を吐いた。

「ゴメン、ゴメン。思い立ったら、ガマンできなくってさ」

私は愛想笑いを浮かべながら、冷たいお茶を入れたグラスを、裕美の膝元にあるガラス製のテーブルに置いた。

裕美は両膝をきっちり閉じてそこに手のひらを乗せ、肩をすぼめるようにして、妙に緊張した様子でいる。そのまま視線をチラチラと左右に送り、事務室を見渡しているらしかった。

味岡市立図書館には、カウンター業務をお願いしている図書館運営センターの委託スタッフが、本館と分館とをあわせて六十人くらいいる。けれども、三階の事務室に出入りしたり、ここのデスクで仕事をしたりしているのは、チーフと呼ばれている二人だけだ。それ以外のスタッフは、基本的に入ってくることはない。

だから裕美にとっては、この部屋が珍しいのだろう。

「ちょっと、ＹＡのことで相談したいことがあって」

過去の図書館展示の様子（写真提供：千代田区立図書館）

私が向かい合うようにして腰掛けると、「何をですか？」と、裕美は不審そうな顔をした。

「ほら、裕美って前に、ＹＡ小説が好きだって言ってたじゃない。だから、特別整理期間のあいだにやる展示の入れ替えで、何か良いアイディアはないかな、って」

「ああ……」

裕美は一瞬、目を大きく開いた。

けれども、すぐに渋い表情になってしまう。こういう仕事には、あまり関わりたくないのだろうか。

しばらくして、

「ダメですよ、私なんて」と、微笑んだ。

「えーっ。図書館の展示だって、カウンター業務の一つみたいなものじゃない」

「さすがにそれはどうかと……」

「同じ図書館で働いてるんだしさ、そこは一緒に考えようよ」

「そ、それがですね……なんと言いますか…………」

「いいから、いいから。ちょっとおススメの本を教えてくれるだけでもいいからさ」

「あの、すみません……！」

裕美はひどく戸惑っている様子だった。

グラスに入ったお茶に手をつけることもなく、忙しなく左右に視線を送って、私と目を合わせようとしない。

ときどきカウンターに私が出たときには、もう少しフレンドリーに接してくれるのだ。それなのに、今日の彼女の反応は、どこかたどたどしい。

すると、

「はい、双葉。そこでストップ。良い考えって、たぶんこんなことだろうと思ったけど。無理を言ったらダメ」と、麻美さんの声が頭から響いてきた。

「でも、裕美だって、いろいろな仕事に関わりたいと思うんです」

「双葉だって、センターとはカウンター業務以外の委託契約をしていないことくらいは知ってるでしょ？　というか、あなた、センターとの契約交渉担当者じゃない」

「そうなんですけど……」

「YAの展示については、私のほうでもう一度、館長に相談してみるわ」

「……わかりました」

私はそこで、口を噤《つぐ》んだ。

味岡市立図書館は、図書館運営センターと、カウンター業務の契約しかしていない。だから、センターの委託職員は、カウンター業務だけをすることになっている。

それは、わかる。

けれども、理屈ではわかっていても、納得できないことはある。

いくらカウンター業務はセンターに任せているからといって、私たちがカウンターに立つことはとても大切だ。委託職員では対応しきれなかったレファレンス相談を受けるのはもちろん、直接やりとりをすることで、ちょっとした会話から利用者が図書館に何を求めているのかを知ることができる。だったら逆に、委託スタッフの裕美だって、カウンター以外の仕事に関わることで、見えてくる部分もあるのではないか。

内心ではそう思ったけれど、裕美には書架のほうに戻ってもらうことになった。それで、この話は終わったはずだった。

翌日の朝。私は、予想もしていなかった光景を目にした。

特別整理期間中でも、新聞や雑誌といった逐次刊行物は、いつもと変わらず届けられる。それを開架書架へ運んでいったとき、裕美が図書館運営センターのチーフをしている榎田《えのきだ》さんから叱られているのをみかけたのだ。

話を聞くと、裕美が私からの相談を受けているあいだ、本来の仕事である蔵書整理から離れていたのがいけなかったからだという。

私は脇から声を掛けて、裕美を昨日呼んだ理由を話した。榎田さんは、きまり悪そうに頭を下げて言った。

「稲嶺司書が味岡で私たちとの交渉担当になっているので、新田さんとのことは大目に見てきたんですが……委託スタッフには、持ち場がありますので。こちらで出退勤の管理もしないといけませんし」

言いたいことは、たくさんあった。けれども、これ以上事態を悪化させても仕方がない。私はただ、作り笑いを浮かべて黙っていた。

それでも、私はとうとうガマンができなくなって、図書館運営センターの委託スタッフの人たちが退館するタイミングを見計らって裕美を連れ出した。

地下にある閉架書庫の端にある部屋。いつもは、ほとんど開けることさえしない倉庫になっている。ここなら、裕美と話しているのを見られることもない。

「この部屋を開けるのは特別整理期間くらいだから、開かずの間って言われてるんだ。麻美さんなんて、怖がってぜったいに近づかないんだよ」

そう言いながら、私はドアを開いた。

中は、古い段ボール箱が無数に積まれている。

前に整理をした古典籍のコレクションを館長がみつけたのも、この部屋だった。

ここにある箱を順番に開けていけば、もしかするとまた未整理の本がみつかるかもしれない。そんな考えも頭を掠《かす》めたけれど、ひとまず今日は箱に触れないでおくことにした。

「さっきは、ゴメン！」

私が勢いよく頭を下げると、裕美は、「ああ……そのことでしたか」と、呟くように声を出した。

「私のせいで、チーフの榎田さんに裕美が叱られてたんでしょ？」

「気にしないで下さい。持ち場を離れた私が悪いんですから」

「でも……」

「大丈夫です、よくあることですし。榎田さん、そういうところは厳しいですから」

裕美は左右に小さく手を振りながら続けた。

「実は、センターの委託スタッフはもともと、委託元の図書館の専従職員と直接会話してはいけないことになっているんですよ」

「そうなの⁉」

「センターの内規なので、図書館さんには、はっきりと伝えていないんだと思います。たとえば、何かご相談があるときは、チーフを通すように言われてませんか？」

「あれって、そういう意味だったんだ！」

「図書館員の派遣職員と委託業務との違いですね。派遣の図書館員という扱いなら、派遣先になっている図書館員の人たちの下で働くことになるので、図書館から直接指示を受けてお仕事をすることになるんですが。私たちは委託なので……」

「そっか。カウンターの業務を委託しているから、その範囲は、あくまで図書館運営センターが運営をすることになるんだ」

「そうです。だから、図書館員の方はセンターの職員に、直接の指示することができないんだと思います」

私は、去年入職したときに麻美さんから渡された、委託センターとのやりとりについての業務引継書を思い浮かべていた。たしかに、そんなことが書いてあった気がする。

「でもそれだと、カウンター以外の図書館のお仕事には、ぜんぜん触れられないってことじゃない？」

「そうなりますね。でも、カウンターの仕事が司書にとって、いちばん大切なものの一つだというのは間違いないですし」

「せっかく司書の資格を取って働いているんだから、いろいろな仕事をやってみたほうが良いと思うんだけれど……」

派遣職員と委託業務

本文でも説明されていますが、「派遣」と「委託」は勤務形態が大きく違います。「派遣」は「派（一部）を遣わす」、つまり契約した図書館に会社からひとを送り、図書館の指示下で働かせる形態です。一方の「委託」は「委ね託す」ですから、「決まった仕事をお任せする」ということで、依頼した図書館と実際の業務を行う会社のメンバーは基本的に無関係、任された業務を自律的に行います。依頼した組織（図書館）は、会社の担当者（本書の場合はチーフ）とは打ち合わせができますが、他の委託職員に直接指示を出すことはできません。

よく「偽装請負」などといってニュースになるのは、契約上では「委託」でありながら、実態は「派遣」の状態になっているものです。都立高校の学校図書館の委託業務について、労働局が是正勧告したことも話題になりました。

図書館でも配送業務のみを委託したり、資料の受け入れ業務だけを委託したりとさまざまな委託業務がありますが、公共図書館で多いのはやはり「カウンター業務」の委託でしょうか。しかし実際に図書館のカウンターの様子を考えてみると、「委託業務」がなかな私が言うと、裕美は寂しそうな表情を浮かべた。同じ気持ちを、裕美自身も持っているのかもしれない。

それにこの話は、図書館運営センターのきまりでそうなっているのだという。私が彼女に向かってそれはおかしいと主張しても、仕方のないことだ。

だったら――

そこまで考えたところで、うつむいていた裕美は、上目遣いに私を見た。

「まだあまり他の皆さんには言っていないんですけど……私、実は、十一月末にある黒川市の司書採用試験、受けようと思ってるんです」（↓コラム◎図書館で司書として働くには、七〇頁）

その言葉は、まるで誰かに知られてはいけない秘密でも打ち明けるかのような、囁《ささや》き声だった。

「そうなんだ！」

私は、目を見開いた。裏返った声が幾重にも折り重なって、書庫に響き渡った。


か苦しいことが分かると思います。図書館には毎日さまざまなひとが訪れますし、新しい資料も増えます。いくらマニュアルが手元にあったとしても、自分がはじめて図書館カウンターに入って利用者と接したら、「ちょっと聞きたい」疑問もいろいろ浮かんでくるでしょう。けれども、それをすぐ近くで働いている（例えば背後の事務室にいる）職員に直接訊くことはできないのです。職員の方も様子を見ていて「ああすれば解決するのに……」と思ったとしても、やはり直接アドバイスすることはできません。双葉だけでなく、先輩たちももどかしい思いをしたことがあるのではないかと想像してしまいますね。

他に「指定管理者制度」といって、図書館業務をまるごと「代行」させる形態もあります。この場合は、カウンターだけではなく、ほとんどの図書館業務を指定された管理者が担当することになります。とはいえ自治体による指定管理者の「評価」もありますので、職員がまったく関わらないわけではありません。長時間開館やさまざまなイベント等のサービスが評価される一方で、分館一館ごとに違う管理者が選ばれることが多く、管理者が変更になった際の引継ぎがないなど、協力や継続の難しさも指摘されています。

そういえば二か月くらい前、味岡市の隣にある黒川市が、およそ十年ぶりに司書の求人を出していた。たしか、市役所への異動がなく、図書館で定年まで勤められる正規の司書を、三人も採用するのだという。

「委託スタッフは、一年ごとに契約を更新しなければいけないので。黒川だったら実家から通えますし、試験に向けてがんばって勉強してみようかな、って」

遠慮がちに声を出す裕美に、私はすかさず彼女の手を取った。

「良いと思うよ！　私は公務員試験のときペーパーがあんまりよくなかったから、あまり役に立てないかもしれないけど……何かあったら、相談に乗るから」

私の勢いに気圧《けお》されたらしく、裕美は本気で驚いているように見えた。

それでも、しばらくすると、地下書庫の薄暗い蛍光灯のあかりの中で、ほんの少しだけ照れ臭そうに笑みを浮かべて、

「うん。がんばります……」と、自分に言い聞かせるように、小さな声で呟いていた。

＊　＊　＊

図書館の問い合わせ用メールアドレスに一件の苦情メールが届いたのは、それから三日後のことだった。

前の晩、図書館の窓から、ビジネスコーナーでパソコンの作業をしている人影が見えたのだといら。特別整理期間で休館中だから自分は利用を我慢しているのに、誰かに使わせているというのはけ

しからん、ということだった。

「でも、おかしいですよね。整理期間中に、利用者がいるわけないですし……」

プリントアウトしたメールを麻美さんに手渡しながら、私は首を傾げる。

「たぶん、館長のしわざよ。どうせまた、自分のデスクが本で埋もれて場所がなくなったから、あそこで仕事してたんでしょ」

麻美さんは眉間に皺《しわ》を寄せて、不機嫌そうに大きく息を吐いた。

すると、私たちのやりとりを聞いていた智香さんが、しばらくじっと考え込んだ。

「どうしました？」と、私は訊ねる。

「いえ、館長っていうのは、違うと思うな。昨日は、市役所であった会議に出られて、そのまま直帰したはずだもの」

「会議が終わってから、こっそり忍び込ん

ビジネスコーナー

ビジネスコーナー、ビジネス情報コーナーなど、さまざまな名称で呼ばれていますが、主に仕事に役立つ情報や資料を集めたコーナーを指します。具体的には、就職や転職、起業に役立つもの、ビジネス書や信用録、統計類などを集めていることが多いようです。

図書館では以前から同じような資料を所蔵していましたし、レファレンスも受けていましたが、「図書館は子どもや親子連れ、定年後に行く施設」というイメージが強かったので、働く世代の新たな需要を掘り起こすためにコーナー化することが多いです。

日本では二〇〇一年に「ビジネス支援図書館推進協議会」が発足、その継続的な活動が評価されて、二〇一九年に「Library of the Year」の「ライブラリアンシップ賞　２０１９」を受賞しています。この協議会の発足には、『ニューヨーク公共図書館エクス・リブリス』の映画で再度話題になった岩波新書『未来をつくる図書館――ニューヨークからの報告――』の著者、菅谷明子さんの著作が大きく関係しています。気になった方はぜひ公式サイトの「設立の経緯」を確認してみてください。

（ビジネス支援図書館推進協議会：http://www.business-library.jp/）

でいた……とか?」

「けっこう紛糾して終了が夜遅くになったらしいから、それもないと思うんだけれど。ビジネスコーナーに人影が見えたのが何時くらいかは、書いてある?」

「そこまで細かくは、書いてないですね」

「だったら、いきなり館長を疑うのはちょっとかわいそうじゃない」

それも、そうか。

私は、まっさきに館長を疑ってしまったことを、内心で少し反省した。

でもそれなら、メールの送り主が見たという人影は、いったい誰だったんだろう。

「やっぱり、幽霊がビジネスコーナーにいたとか。このあいだ、私が聞いた物音の件もありましたし」

私がニヤリと笑うと、麻美さんがキッとこちらを睨んだ。

「冗談ですって……」

麻美さんが、ここまで本気で怖がるとは思わなかった。でも、いつもはクールな彼女が、プルプルと震えながら目を少し潤ませているのは、ちょっとかわいい。

「ひとまず苦情のほうは、館内の整理作業のために、館員がビジネスコーナーを使っていたんだってお伝えしておきましょうか」

智香さんは、私たちのやりとりをクスッと笑ってから言った。

「そうですね……時間によっては、ウソをついていることにはならないですし」

「お願いね。じゃあ、これも」

今度は智香さんから私に、プリントアウトした紙が向けられた。

罫線を引いた表に、ＮＤＣ分類、書名、作者名、出版者、出版年がずらりと並んでいる。それが、図書館運営センターの委託スタッフが進めている蔵書点検で行方不明になっていることがわかった本のうち、まだみつかっていないものを一覧にしたものだということは、すぐにわかった。分類順に番号が振られていて、その数は八十六冊にもなっている。

けれども、私はふと気が付いた。

「あれ……私、その本、特別整理期間に入るちょっと前にみかけましたよ？」

リストの中にある本のタイトルに、見覚えがあったのだ。

「えっ、そうなの？」

「はい、これです」

ＮＤＣ分類７０２のところにある、角川文庫の中野京子『怖い絵』を指でさした。

名画の背景にある歴史をわかりやすく解説して、そこに隠されている思いもよらない怖さを解き明かしたことでベストセラーになり、シリーズ化もしている本だ。

「たしかにこのシリーズなら、今でもけっこう借りていかれる方がいるけれど……」

智香さんはうーんと唸りながら、パソコンのキーボードを素早く叩いた。

覗き込んでみると、画面には、蔵書検索に使うＯＰＡＣのデータが表示されている。右のほうに

「在架」と表示があるから、今は貸し出し中ではないことがわかる。

つまり、本来は図書館の開架書架にあるはずなのだ。それが、行方不明という扱いになっている。

「わざわざ盗んで古書店に売るほどの本でもないですしね。かなり売れたシリーズだから、古書店でもかなり在庫があると思います。それに、貸し出し回数が多いので、少し傷《いた》んでいたような……」

これは、図書館にあるものをわざわざ盗んでも売ることも難しいし、盗んだりしなくても古書店に行けば、一〇〇円くらいで簡単に手に入るということを意味している。

私が言うと、智香さんは、

「本棚の奥のほうに入り込んでしまっているとか、蔵書点検のときに、バーコードのチェックが上手く入らなかったとかかな」と、呟くように言った。

「でもそれなら、書架のところですぐみつかるはずですよね？」

智香さんと私は、その足で、ＮＤＣ分類７番台の開架書架に向かった。

図書館運営センターの委託スタッフの人たちが蔵書点検作業をするのを脇目に見ながら、十五分ほど、本があるはずの棚の付近を探す。

……けれども、どんなに探しても、その本は結局みつからなかった。

私たちは、二人でしきりに首を傾げながら、三階にある事務室に戻ることになった。

特別整理期間も、残り三日というところまでたどり着いた。

蔵書点検と蔵書整理、館内の模様替えは順調に作業が進んで、なんとか予定の期間内に終わる見込みになっていた。

そんな中、ＹＡコーナーの多言語多読と新しい展示だけは、進捗が遅れている。本当はそっちの作業をしたかったのだけれど、この日は選書会議と企画会議とが入っていた。

特別整理期間の前に話していた年明けのイベント企画について、この日の会議で諮ることになっていた。いろいろな仕事をしている人に図書館に来てもらい、自分がやっている仕事がどんなものなのかを話してもらうというものだ。

事務室でそれとなく話をしてから、企画書を作るまで一週間。

短期間で無理矢理作ったので、内容には不安な部分も多い。働いている人たちが本当にスピーカーとして来てくれるのか、聴衆になる大学生や社会人をどうやって集めるのか、詰め切れていない。

それに、企画会議はいつもの司書のメンバーだけでなく、図書館員の財務や庶務、情報システム関係の主要メンバーや、教育委員会の総務部、生涯学習部の職員も入ってくる。その人たちの前で、プレゼンテーションをしなくてはいけない。

それでも智香さんに相談したところ、

――一人で考え込んでいても、なかなか仕事は進まないから。いったん会議に出してみたら？　ダメだったら、また修正して出しなおせばいいじゃない。

と、いう返事があった。

智香さんはいつも、企画を考えるときは、打ち合わせをしてから一週間で作って出すように言っている。それはきっと、こういう考え方に基づいているのだろう。

私はいつもより少し緊張した面持ちで、会議室に向かうために席を立った。そのとき、

「……すみません、ちょっとよろしいでしょうか？」と、後ろから声を掛けられた。

振り返ると、図書館運営センターの委託スタッフチーフ、榎田さんが立っていた。

「なんでしょう？」

「このあいだご相談していた、生きもの本の展示についてなんですが……」

「……ああ」

「お願いしていた企画書、どうなったでしょう？」

榎田さんの言葉に、私はハッとした。

たしか、西東社の『ぬまがさワタリのゆかいないきもの㊙図鑑』を中心にして、児童書のコーナーに動物の本や図鑑、ぬいぐるみ、もし可能なら水槽に入れたウーパールーパーの実物の展示などをしたいという企画を預かっていた。それを、すっかり忘れていた。

慌てて、机の上に積まれたファイルを探す。たしか、図書館運営センターの資料をまとめているものに、挟み込んでいたような記憶がある。

私の反応は、榎田さんを落胆させたようだった。彼女は小さくため息を吐いて、肩を落とした。

「本の展示だけなら、カウンターの脇にスペースを作って机をお借りすればできますから。特別整

理期間のあいだにやってしまいたいので、進めてもよろしいですか？」

「えっと……」

私が返事に詰まっていると、向かいの席にいた麻美さんが立ち上がって、

「すみません。その企画、お断りします」と、淡々とした口調で言った。

その言葉に、榎田さんは驚いたように目を見開いた。

「……あの、どうしてでしょう？」

「味岡市立図書館は、センターとはカウンターの契約しかしていないですよね？　館の運営全体を委託しているところならともかく、展示コーナーはカウンターの外ですから。うちの館でそういう企画をやるのは、ちょっとまずいと思います」

麻美さんが言っているのは、図書館運営センターのホームページで公開されている、別の図書館での展示のことらしかった。

カウンター業務だけでなく、館の運営全体を委託している別の図書館で、同じような展示をやっているらしい。どうも、図書館運営センターの本部が企画をして、図書館をまたいだシリーズ展示として進めているのだという。榎田さんは、それをうちの図書館でもやろうということで持ってきたのだ。

「センターのほうからも、ぜひ、と言われていますし。ウーパールーパーはともかく、本だけの展示ならできると思うんです」

榎田さんは、言いにくそうに、けれどもはっきりと主張した。

「展示のほうは私たちでやりますから。センターの委託スタッフの皆さんは、蔵書点検を予定どおり終わらせて下さい」

「……わかりました」

榎田さんはそのままぺこりと頭を下げて、事務室を出て行った。

私はぼんやりと、彼女の背中を眺めていた。

本当は、後ろから声を掛けたかった。

——私が企画を引き受けますので、一緒にやりましょう！

たった一言、そう口に出すだけで良かったのだ。

図書館運営センターの企画としてではなく、私たちの企画として児童書のコーナーで生きものに関する本を展示するということなら、問題なく進められる。

図書館に来る子どもたちには、ＮＤＣ９番台にある「おはなし」の本だけでなく、いろいろな本を手に取ってほしい。

けれども、どうしても理科や算数についての本を読んでくれる子どもは少ないので、私たちのほうで本を手に取ってもらえるようなきっかけを作っていく必要がある。

だから、生きものについての本を展示するという企画案そのものは、歓迎するべきものだったはずだ。

それなのに、たった一言が、出てこない。

「気にすることないのよ。もし展示を引き受けて、そのことが図書館運営センターの本社に知られたら問題になるし。それに、このあいだ双葉が新田さんにＹＡの相談を持ちかけたら彼女が叱られていたのに、向こうからの提案だけはするというのはおかしいでしょう?」

麻美さんは、私に向かって背中越しに声を掛けて、「会議、遅れないようにしましょう」と、呟くように言った。

麻美さんの意見は、正論だ。うちの図書館とセンターとの契約上、カウンター以外の業務をお願いしたり、依頼されたりすることはできない。

それは、わかる。

……でも、お互いにもう少し、ゆるやかな関係を作ることはできないんだろうか。

そんな思いも、チラリと頭を掠《かす》める。

たしかに、契約違反になるかもしれない。けれども、図書館とセンターでお互いにいろいろな提案をしあって、図書館をよりよく運営していくことができれば、そのほうが良いに決まっている。オトナの事情でそれができないというのなら、私は、そんなオトナになんてなりたくない。

私は、麻美さんに気付かれないように、小さくため息を吐いた。

そういえば、図書館とセンターとは、いつもこんな感じなのだ。お互いに最低限のビジネスライクなコミュニケーションをとって、それぞれの持ち場をこなしている。

もしかすると、特別整理期間に入っていつもよりやりとりをする機会が多いために、委託元と委託された会社との微妙な関係が見えやすくなっているのかもしれない。

ようやく会議が終わったときには、もう夜の八時近くになっていた。

事務室に入ると、またあのメールが届いていた。休館日なのに、夜十時頃のビジネスコーナーで作業をしている人影があったという内容だ。

こういう苦情のメールが図書館に届くときは、何回も同じ人から寄せられるケースが少なくない。けれども今回の送り主は、前のメールとは別の人らしかった。名前も、メールアドレスも違っている。同じ内容のものが二通届いた。しかも今回は、夜十時頃だと時間もはっきり書かれている。

「こうなるとさすがに、幽霊説を疑わないといけませんかね」

私が神妙なそぶりで言うと、「やめてよ。今日、私が施錠当番なんだから」と、麻美さんが訴えかけるようなまなざしを私に向けた。

「だって、昨日は館長も八時くらいには退館してましたし」

「他に誰かいたかもしれないでしょ?」

「十時だと、智香さんが鍵を閉めたあとですよね?」

私が天井を仰いで考えをめぐらせていると、麻美さんがツカツカと歩み寄ってきた。そのまま、右手の指先で私の服を引っ張る。

「今日は、双葉も一緒に施錠当番。決まりだから!」

麻美さんはうつむいて、恨めしそうに私を見上げた。

「えーっ!?　二人でですか！」

「……私を怖がらせた罰だもん。いいでしょ？　家まで車で送るから」

麻美さんはワガママを言っている子どもみたいに頰を膨らませて、私の服をギュッと握ったまま視線を逸らした。

……昼間、榎田さんから出された展示企画の提案を断ったときの、凜とした彼女はどこにいったのだろう。

私は大きく息を吐いて、「わかりました。でも、今日だけですからね」と、言い聞かせるように口に出した。

「そうだ！　明日から、双葉と私のシフト合わせようよ。そうすれば、私たち週に一回は図書館デートできるじゃない」

「施錠当番をデートって言うの、さすがにちょっとどうかと思います」

私は苦笑しながら、施錠の時間までに進められる仕事はないかと、スリープ状態になっていたパソコンを立ち上げた。

ちょうど、ＹＡコーナーの展示に使う本をリストにしたファイルが、開いたままになっていた。

特別整理期間のうちに終わらせるために、麻美さんとファイルを共有して作ることにしたのだ。

館内の巡回と施錠をするまでの時間に、私はそのリストを少しでも埋める作業をすることにした。

けれども、蔵書データと何度突き合わせても、半分くらいまでしかたどり着くことができなかった。

九時を過ぎたところで、私と麻美さんは作業を止めて、懐中電灯を片手に事務室を出た。

展示室、視聴覚室、中高生向けの学習室、閉架書庫。決まったルートをたどって、異常がないかを確認したら、順番に鍵を閉めていく。

普段の開館日なら、学習室で自習をしている高校生や、ビジネスコーナーで仕事をしているサラリーマンの人が、時間を過ぎてもそのまま残っていたりする。そういうときは、お願いをして退館してもらわないといけない。

けれども今は特別整理期間なので、誰もいない。

いちおう部屋の中をひととおり確認して、鍵を閉めていく。特別整理期間でここだけは、いつもより楽ができるところだ。

だから、ここ数回の施錠当番では、十分くらいで作業が終わっていた。それなのにこの日の巡回に時間がかかったのは、まるでお化け屋敷でも歩いているかのように、麻美さんがぴったりと私に張り付いていたからだ。

「あの……さすがにちょっと、重いんですけど」

服の裾をギュッと握られているので、肩が引っ張られているような感じがする。

「あっ、ゴメン」

麻美さんから、くぐもった声が返ってきた。

「幽霊とか、大丈夫ですよ」

「それはわかってるんだけど……」

「そんなに怖がってたら、今まで施錠当番の巡回、どうしてたんです？」

そういえば麻美さんは、できるだけ早番にしてほしいといつも言っている。だから夜の施錠当番は、智香さんや私、館長が担当することが多い。さっき、図書館デートを週に一回と言っていたのは、麻美さんが施錠当番をやる回数が少ないからだ。

私のさりげない質問に、麻美さんは目をぱちくりさせて黙り込んだ。

「まさか……」

「当番が当たったときは、ちゃんと巡回してるよ！　ちょっと、見回りをしない場所があるだけで」

「なんですか、それ!?」

初耳だった。

聞けば、地下書庫の開かずの間のあたりと、館外の外回り——特に、建物の裏手にある祠の周辺は、遠くから懐中電灯で照らして目視するだけで、細かく点検することはしていないのだという。

「まあ、いちおう見てるならいいですけど……」

いくら怖がりとはいえ、さすがにこれは、智香さんや館長に知られたら叱られる気がする。

私にとって麻美さんは、一年先輩で、入職したとき以来いろいろな司書のお仕事を教えてくれた、師匠とも言える存在だ。だから、いつもクールで、館内のどんな仕事でもそつなくこなす人だというイメージが、どうしてもつきまとっている。

それなのに、今の恥ずかしそうに顔を赤らめている彼女を見ていると、急に彼女が私と少ししか年齢が違わない女性なんだということが実感されてきた。

「だから今度から、遅番のタイミング、私と双葉で合わせない？　ねっ？」

まるで恋人に向かって語りかけるような、甘い声が響いてくる。たぶん無意識のうちに、そういう声色になっているのだろう。

しょうがないなあ……と思いながら、私は麻美さんの頭の上にポンと手のひらを乗せた。女子校や女子大に通っていたとき、私に悩み事や相談事を持ちかけてきた部活の後輩の女の子にやってあげると、妙に喜ばれた記憶がある。

図書館に入職してからは、館内でいちばん年下なので、どちらかというと図書館員の中では末っ子の妹みたいな扱いになっている。けれども、学生時代の私はどちらかというと、周囲の面倒をよく見るお姉さん的な立ち位置にいることが多かった。そのことを、久しぶりに思い出していた。

そのとき――

金属と何かがぶつかるような音が、ゴーンと深く鳴り響いた。

麻美さんが小さく悲鳴をあげて、私の体にしがみついた。

私はとっさに、左右を見渡す。

人の気配はない。

ふたたび、同じ音がゴーンと響く。

……幽霊、ではない。

聞こえてきたのは、二階にある一般書の開架書架のほうからだ。

「行ってみましょう！」

私は麻美さんに声を掛けた。

しばらく考えてから、麻美さんはうなずいた。

「……うん」

返事をしながら、私の服を握っている手にギュッと力をこめる。

もしかすると私の服の裾は、もうすっかり伸びてしまっているかもしれない。

薄暗い廊下を抜けて、開架書架に入る扉の前に立つ。

ドアノブを握るうちに、少し緊張してきた。

館内には二人しか残っていないはずだから、もしかすると、不審者でも入り込んでいるのかもしれない。

怪しい人がいたら、すぐに逃げて警備会社に通報しよう。

そう自分に言い聞かせながら、ゆっくりと扉を開く。

開架書架は、蛍光灯が点いたままになっていた。まだ見回りをしていないのだから、当然といえば当然だ。

開いたドアの隙間から覗き込むようにして、中をうかがう。

すると、いちばん奥のほうから、ガラガラという低い音が響いてきた。

次の瞬間――ブックトラックについている車輪の音だと気が付いた。

ドアを開いて、中に入る。

私は目を瞠《みは》った。

「えっ……？」

声をあげたのは、私ではない。ブックトラックを押している女性――裕美だった。

「どうしたの、こんな時間に？」

私の声は防音壁をものともせず、微かな残響を残して閲覧室に響き渡った。

「あ……」

裕美は小さく声をあげて、

「す、すみません……」

顔を赤らめながら一歩後ずさり、深々と頭を下げた。靴底が床に敷かれているカーペットに引っかかったらしく、わずかにバランスを崩したけれど、足を一歩踏み出して転倒は免れた。

「大丈夫!?」

「……は、はい」

裕美は恥ずかしそうに視線を逸らした。

するといつもは、私の背後にいた麻美さんが、ツカツカと前に歩み出す。

「今日、センターの人たちは蔵書点検作業だけだから、夕方の四時半には全員退館していたはずよね？」

詰問をするように、言い放った。幽霊の正体がわかったと思ったら、とたんにいつもの強気な態度に戻っていた。

「すみません！　私は八時だったんですが、どうしても終わらなくて」

「八時……？　どうして新田さんだけ？」

麻美さんが、釈然としない表情を私に向けた。けれども私のほうでも、図書館運営センターから、そんな話は聞いていない。

すると、裕美は言いにくそうに、おずおずと口を開いた。

「……あの、館長から聞いてませんか。私、図書館運営センターのお仕事が終わったら、夕方からここでアルバイトをすることになったって」

「「はあっ!?」」

麻美さんと私は、ほとんど同時に声をあげた。

そんな話、一言も聞いていなかった。

「いやぁ……最近、市役所の会議に呼ばれることが多かったから、花崎さんや山下さん、稲嶺さんとなかなか会う機会がなかったじゃない。だから、言いそびれちゃって。それにうちは、アルバイトに入るとき、図書館員の前で挨拶したりする習慣がないし。新田さんのことはみんな知ってるから、別にいいかと思って」

翌朝。出勤してきた麻美さんが館長を問い詰めると、館長はまったく悪びれない様子で笑っていた。

「労務関係についてのことは、メールでもいいのでちゃんと伝えて下さい！　選書会議のときに、ちょっと話すくらいできましたよね？　書架の点検が必要な施錠当番は司書の三人と館長で回しているんですから、誰が最後まで仕事をしているのかくらい、教えてもらわないと困ります」

麻美さんが声を荒らげると、その隣で智香さんが、

「とりあえず、館長はこの先一か月、出勤日はぜんぶ一人で施錠当番担当ですねー」と、にこやかに怖いことを言っている。

施錠当番は、ほとんどの場合退館するのが夜十時くらいになる。けれども、翌日の鍵開け当番をする早番も順番に回ってくるので、遅番、早番と続くとけっこうつらいのだ。

久しぶりに見る館長のダメさ加減と、それを智香さんと麻美さんが叱っているという光景に、私は自分のデスクで苦笑を浮かべていた。

館長の話では、アルバイトで来ていた裕樹がここしばらく修士論文執筆のためになかなか出勤できなかったので、アルバイト予算が余っていたのだという。

ちょうどそのとき、麻美さんから、ＹＡ展示について二回目の相談があった。

そこで、ＹＡに詳しく、図書館運営センターの出勤時間が午前八時四十五分から午後四時半に固定されている裕美に頼んで、夕方以降に館長の業務補助をする短期のアルバイトとして入ってもらったのだという。

人事担当の図書館員には連絡が行っていたので、知らなかったのは私たち司書の三人だけだった。

「新田さんは、図書館運営センターとはパート契約だっていうから。それなら、他の仕事との兼業は問題ないはずだし、うちで働いてもらえれば移動時間がいらないと思って」

館長はそう言うけれど、昼から閉館時間にかけて勤務していて、裕美と勤務時間が重なっている図書館運営センターの人たちもいる。その人たちが、裕美が一人だけ館にアルバイトで雇われているのをどう見るのだろう……と、想像すると、少し複雑な気持ちになった。

それでも、裕美は二つ返事で引き受けて、時間を過ぎても仕事をしていたらしい。そう思うと、無下《むげ》に館長を責めることもできない気がした。

その気持ちは、智香さんや麻美さんも一緒だったらしい。

「それにしても、このリスト良くできてますね……」

館長から渡された本のリストを見て、智香さんが感心したように息を吐いた。裕美が作ったという、ＹＡ書籍の展示案だ。

――芸術の秋を楽しもう

そうタイトルが付けられたリストには、ちょうど百種類のタイトルが並んでいる。

ＹＡ書籍でこういう企画をするときにはどうしても、画集や美術書、絵画や音楽といった芸術を題材にした小説を選ぶことが多い。

たとえば美術を題材にした小説なら、ダン・ブラウン『ダ・ヴィンチ・コード』や原田マハ『楽園のカンヴァス』、綾崎隼『君を描けば嘘になる』。

音楽なら恩田陸『蜜蜂と遠雷』、宮下奈都『羊と鋼の森』。このあたりは、もうＹＡでも定番になっている。

うちの館には羽海野チカ『ハチミツとクローバー』や大久保圭『アルテ』、一色まこと『ピアノの森』、石塚真一『ＢＵＬＥ　ＧＩＡＮＴ』は全巻が揃っているから、マンガも展示できるだろうか。

けれども裕美が作ったリストは、そういう定番の本だけに収まってはいなかった。

絵画の背景にある世界史や宗教の本。画材やデザインの歴史に関わる本。博物館や美術館で働く学芸員になるにはどうしたらいいかを書いた本。画材について化学的な視点で解説した本。

ＮＤＣ分類の７番台だけでなく、０番台から９番台までの本が、満遍なく並んでいた。

しかも、西洋美術だけでなく、浮世絵や東洋美術、その他世界各国の美術にも、しっかり目が届いている。

さらに、マンガや画集に加えて、絵本から紙芝居まで、小学校高学年から中学生、高校生と、ＹＡ世代のどのあたりをターゲットにするかについてのチェックが入っていた。それぞれの世代で読み通すことができそうな難易度、厚さの本が、適確に選ばれていたのだ。

「本の展示企画は、選書が命だから。これだけの本が挙げられるってことは、かなり勉強しているのね」

麻美さんも、智香さんが手にしているリストを覗き込んで、目を丸くしている。

「これ、選書しているってことは、ぜんぶ読んでるってことですよね？」

私の言葉に、麻美さんは、

「双葉も、小説だけじゃなく、もうちょっといろいろ読まないとダメ」と、ニヤリと笑った。とんだ藪蛇《やぶへび》だった。

「まあ、貸し出し手続が抜け落ちてたっていうのは、ご愛敬かな」

智香さんが言っているのは、中野京子『怖い絵』のことだ。

特別整理期間中に行方不明になっていたこの本は、裕美が作ったリストの中に入っていた。すぐに彼女が選書のために使っているというブックトラックを探したところ、しっかりとその中に挟まれていた。

今回のように本の展示企画をするときは、展示用の本であることがわかるように、書架から取り出すときにいったん館内者用のカードを使って貸し出し手続をする。裕美は、アルバイト初日に入る前から館長のカードを使って大量の本を一気に処理していたために、バーコードの読み取りで一冊だけミスがあったのだろう。

「これで、行方不明の本一冊と一緒に、図書館の幽霊事件も解決ですね……」

麻美さんが、心の底からホッとしたような表情を浮かべた。

けれどもその言葉に、智香さんがすぐ反応をした。

「あら、それは違うと思うな」

「えっ？」

麻美さんが、問い返す。

「だって、裕美ちゃんの出退勤記録を見たら、昨日がアルバイトの初日になっていたもの。その前にビジネスコーナーで見たっていう苦情が来ていたのは、別に原因があるんじゃないかな」


翌日。幽霊事件の犯人は、意外なところで明らかになった。

カウンター業務を委託している図書館運営センターの出退勤は、毎月十日締めになっている。その日までの一覧をチーフの榎田さんが整理して、センターとの交渉担当になっている私に、いちおうの報告をすることになっている。

十二日に提出されたその出勤表をパラパラと眺めていたとき、私はみつけた。

榎田さんの退勤時間が、夜の十時を過ぎていた。

チーフである彼女にだけは、他のスタッフには貸し出さないという条件で、図書館の職員用出入口の鍵を持つことができると委託仕様書に書かれている。だから考えてみれば、館の施錠当番をしている専従の司書や一部の図書館員以外に、残っていられるとすれば彼女だけだったのだ。

「申し訳ありません。きちんと報告しておくべきでした！」

事務室で私が確認をすると、榎田さんは深々と頭を下げて、平謝りに謝っていた。

榎田さんは、私や麻美さんはもちろん、智香さんよりも年上の女性だ。だから、こういう態度を取られると、なんだかこちらが申し訳ないような気持ちになる。

「いえ、施錠はきちんと確認しないといけないので、事前にお伝えしてくれればそれでいいんですが……」

私が曖昧な返事をしていると、私の左隣でこちらの様子をチラチラと見ていた智香さんが、急に自分の席を立った。

「榎田さん、どうして館内に残られていたんでしょう？」

私は、その声にハッとした。

智香さんのほうを、振り返る。

表情や声色は、いつもと変わらない穏やかなものだ。ニコニコと微笑みながら、榎田さんに優しく語りかけるような口調だった。それなのに、抑揚のない智香さんの声には、なんとも言えない迫力があった。

そんな智香さんの雰囲気に、圧倒されたのだろうか。

「あっ……あの………」

榎田さんはしどろもどろになって、下を向いている。

「二年前と三年前にも、同じことがありましたよね。そのときは私がセンターとの交渉担当で、二度としないとお約束したはずです。それに、今度あったら、図書館運営センターの本社に報告して、御社との契約も含めて検討するということにしていましたよね？」

「申し訳ありません！　それだけは、なんとか……」

智香さんは表情を変えず、ただ微笑みを浮かべたまま黙っていた。

何も、返事をしない。

榎田さんは、何度も何度も頭を下げている。

私はふと、去年、入職したときに、麻美さんから教えてもらったことを思い出した。

――どんなことがあってもぜったいに、智香さんだけは怒らせちゃダメよ。この図書館でいちばん怖いのは、間違いなく彼女だから。

そのとき以来、麻美さんがどうしてそんなことを言ったのか、私にはまったく理解ができなかった。けれども、今の智香さんを目の当たりにして、ものすごく腑《ふ》に落ちた気がした。

叱るでもなく、怒るでもなく、何も言わずにただ黙って微笑んでいる。

普段は女神さまのように優しい女性がこうしているのが、いちばん怖いのだ。

榎田さんは、目に涙を浮かべながら、事情を説明した。

どうやら、裕美と同じように、黒川市の司書採用試験を受けるつもりだったらしい。そのために、夜中までこっそりビジネスコーナーに残って、公務員試験の勉強をしていたということだった。

「チーフという立場ですけれど、私も図書館運営センターの正社員ではなく、契約スタッフですから。どうしても、専従職員の司書になりたいんです」

榎田さんは、続けた。

「センターの仕事はほとんどの館で、カウンターばかりです。カウンターの仕事が司書にとって大切なものだということは、理解しています。でも私は、イベントや展示の企画や、本の選書、館の運営、閲覧室のデザイン、データベースの管理、本棚作りみたいな仕事もしてみたいんです。だって、司書なんですよ！　大学で勉強して、資格は持っているんです。だったら、司書の仕事に求められていることは、どんなことでもやってみたいと思うはずじゃないですか！」

訴えかける榎田さんの言葉に、私は、智香さんの言った言葉が持っていた意味をようやく理解した。

二年前と三年前。

これは、麻美さんと私を採用した味岡市の司書採用試験があったときだ。

榎田さんも同じ試験を受けていて、彼女ではなく私たちが採用されたということだろう。

もし私ではなく、榎田さんが採用されていたら……と、考える。

たぶん私は、榎田さんと同じように、図書館運営の委託事業をしている会社に登録したかもしれない。そうしたらきっと、榎田さんと同じような働き方をしていただろう。そうすれば、今よりはもっと、カウンターの仕事もできたかもしれない。

けれども、もし味岡市立図書館に採用されていなかったら、今のようにいろいろな――それこそ、榎田さんがやってみたいと言っている司書の仕事に、携わることはできなかった。

たぶん、どちらが良いとか、正解だということではないのだろう。

すべての仕事を、一人の司書が請け負うことはできない。

どこかで仕事を振り分けて、それぞれが担当する仕事を決めないといけない。

でも……すべての仕事に携わることができるかもしれない立場と、そうすることが閉ざされてしまっている立場とでは、思うところもきっと違うはずだ。

――本当はカウンターの仕事もしたいんだよ！

これは私の心の叫びであると同時に、事務室で麻美さんに向かってときどき口にしていたことだ。

この言葉を、事務室の端にあるセンター職員用のデスクで聞いていた榎田さんは、どんな気持ちだったのだろう。

私は、事務室のソファに座って涙を流して智香さんに謝罪している榎田さんを見ながら、なんだか申し訳ない気持ちになっていた。

「双葉ちゃんは、気にすることないのよ。司書としてのスキルだけなら、榎田さんを採用していたかもしれない。でも、あなたにはそれ以外に、私たちと一緒に働いてくれる力があると思ったから、採用したんだもの」

榎田さんが蔵書点検の作業に出たのを見計らって、智香さんは私に言った。

「もちろん、図書館運営センターのような委託会社で働くことはとても大切な仕事よ。今の図書館業界は、こういう会社がないと成立しないくらい、予算的に厳しいところが多いもの。でも、そういうところだとどうしてもできる仕事は限られるし、地元で働きやすい一方で、契約社員やパートの扱いになることが多いから……。もし公務員として専従の司書になりたいなら、自分だけにしかない司書としてのスキルを身につけて、全国どこでも受験するくらいの覚悟でないと。地元で専従の司書になろうと思っても、数年に一人くらいの求人しか出てこないんですもの」

榎田さんのことを言ったのであろう智香さんの言葉に、私は、入職のときに麻美さんから言われた言葉の続きを思い出す。

——智香さんって優しそうだけど、実は、仕事に対してはものすごくシビアなの。自分に厳しい人だからこそ、ああして周りにいる私たちに優しく振る舞っていられるのよ。でも、がんばったことはちゃんと認めてくれる人だから。そこは、信じていいと思う。

＊　＊　＊

特別整理期間が終わって、一か月と少しが経った。

味岡市立図書館は建物が古いので、この時期になると館内にいても底冷えする。暖房を入れてはいるのだけれど、効果がないんじゃないかと思えるくらいの寒さに包まれる。

利用者からもこの点は苦情が出ているので、そろそろなんとかしないといけない。

そんな、冬の訪れを感じさせる図書館では、事務室の配置替え作業が行われていた。

十月に家族の事情で退職した会計年度任用職員の杉沢さんの代わりがみつかって、同じ予算枠で一人採用することができたからだ。ついでに、アルバイトになかなか出てこられない裕樹のデスクと、新しく入った図書館運営センターのチーフのデスクも、並べ替えることになった。

今まで、センターの人たちのデスクは、私たち専従職員とは別の島を作っていた。それを、私たちのデスクの隣に設置して、一つの島にしたい。

智香さんが、そう提案したからだ。

こういう配置換えみたいな作業は、さすがに新しいチーフの人に手伝ってもらうわけにもいかない。それで、私たち専従の図書館員、司書と、新しい会計年度任用職員の司書だけで、重い事務机を動かす。ついでに、部屋に溜まったホコリを処理して、水拭きをする。事務室では本を扱うので、どうしてもホコリが溜まりやすいのだ。

「ゴメンねー。入職して早々の仕事が、こんな力作業で」

私は苦笑しながら、新しい会計年度任用職員——裕美に、声を掛けた。

「いえいえ。これでやっと、司書になれたって気がしますし」

……それにしても、こうして机を運ぶ力仕事は、本当に司書の仕事だと言えるのだろうか。

そんな思いもチラリと頭を掠《かす》めたけれど、口には出さないでおくことにした。

裕美を会計年度任用職員として採用することが決まったのは、つい一週間前のことだ。

榎田さんが別の館で、チーフではなく一般の委託スタッフになることが決まり、新しいチーフの人が図書館運営センターの本部からやってきたのと同じ日。館長と智香さんが、裕美を事務室に呼び出した。

「……本当は、裕美ちゃんには、あまり勧めたくなかったんだけれど」

智香さんが遠慮がちに裕美に差し出したのが、新しい会計年度任用職員の採用通知だった。裕美は、黒川市の専従職員だけでなく、味岡の会計年度任用職員の公募にも応募していたのだ。

会計年度任用職員の司書は、専従の司書とまったく同じように、図書館全体の仕事をする。勤務時間は短めになるけれど、時間内なら会議にも出るし、シフトによっては施錠当番にも当たっている。けれども、決して給料が良いわけではなく、官制ワーキングプアの温床として批判もされている。もしかすると、図書館運営センターのスタッフをしているときよりも、時間単位の給料は下がるかもしれない。

おそらく智香さんは、このことを言っていたのだろう。本当は、黒川市で専従の司書に採用されてほしかったという思いもあったはずだ。

公務員の会計年度任用職員は、一般企業でやっている嘱託職員や派遣社員の無期化転換ルールからは外れてしまうけれど、味岡市立図書館では基本的に、特に理由がなければ雇用を継続することになっている。だから、いちおう司書としての立場は守られる。

それに万が一、味岡市立図書館で司書の増員を市役所から勝ち取ることができれば、会計年度任用職員の人を専従職員に格上げすることもある。けれども、それはなかなか簡単な道ではないし、その場合は公募の形をとることになるだろう。

　それでも裕美は、智香さんから書類を受け取った。


　その日の夜。ささやかな裕美の歓迎会があった。とはいっても、館長がお酒を飲めないので、図書館から少し離れたところにある料理屋さんの座敷で、館長と司書たちの食事会をしたというものだ。

「どこか、専従の司書で就職が決まったら、いつでも辞めていいからね」

　乾杯の直後にいきなり発せられた館長の言葉に、智香さん、麻美さん、私の三人は固まっていた。

「館長……新田さんが入職してすぐの歓迎会に、さすがにそれはないです」

　麻美さんが呆れたように、乾いた笑いを浮かべる。

「そうかな……？　年齢的にもまだ専従の職員を狙えるんだし、そのほうが良いと思うんだけれど」

「それはわかりますけど……それに、ＹＡに新田さんを入れるつもりで、フライングでアルバイト代を出して展示リスト作らせましたよね？　あれも、採用の公平性という意味では、ちょっとどうかと思います」

「あ、バレてた？」

「もう……」

　麻美さんは、子どもみたいに口先を尖らせて、ビールをごくごくと口に流し込んだ。そのまま、

「ちょっと、双葉ぁ……このオジサン、なんとかしてよー」と、右隣にいる私の体に抱きついている。

私は反応に困って、とりあえず愛想笑いを浮かべた。麻美さんとお酒を飲んでいると、よくある光景だ。

もし、裕美が黒川市の専従司書に採用されていたら、どうするつもりだったんだろう……という気持ちも、ないわけではない。けれども館長のことだから、そのときはそのときだと言って、適当に受け流されるような気がした。

「山下さんって、お酒を飲むとちょっと可愛いんですね」

私のさらに右側にあるお誕生日席で、裕美がクスクス笑っている。

「裕美ちゃんも気を付けてね。麻美ちゃん、ここから絡んだりするから」

裕美の言葉に応えたのは、私ではなく智香さんだった。

「平気ですよ。私が絡むのは、双葉だけですから。ねー、双葉？」

麻美さんは当然のように言い放って、甘えるように同意を求めた。

「そういえば、山下さんと稲嶺さんって、いつも距離が近いですよね」

裕美の言葉に、私は、「そうかな……」と、首を傾げる。

女子高、女子大と渡り歩いた私としては、女の子どうしでこれくらいの距離感でいるのはわりと普通のことだ。

「あんまり山下さんと仲良くしていると、星野さんが気にしたりしません？」

「裕樹が？　なんで？」

「いえ、気にしないなら良いんですけど……」

私には、裕美が言っていることの意味が、本当にわからなかった。それで、

「裕美はＹＡ担当だと、児童書の麻美さんと組むことが多くなると思うんだ。麻美さんはちょっと言葉がキツいけど、怖がりで人見知りなだけだから。仲良くしてあげてね」と、話題を変えた。

「ひどいなあ……双葉。そんなこと言うんなら、やっぱり来週から、私が施錠当番のときは毎日、一緒に残ってもらおうかな」

麻美さんは拗《す》ねたように、自分のグラスになみなみとワインを注いでいる。あまりお酒には強くないのに飲みたがるので、このままだと、私が面倒を見て家に泊めないといけないかもしれない。

こういうところ、麻美さんはちょっとメンドクサイ。

それでも、この日は言いたかったことを麻美さんと館長が口にしてくれたので、私は内心で感謝していた。

裕美にはできることなら、会計年度任用職員としてであれば、味岡に長居をしてほしくなかった。たしかにＹＡを担当できる人材は貴重だから、できることなら長く働いてほしいという思いもある。もし奇蹟的に図書館員、司書の枠を増やすことができたら、できることなら専従職員に引き上げたいという気持ちもある。

けれども私は、智香さんが榎田さんに言った言葉を思い出していた。

本当に専従の司書になりたいなら、司書としてのスキルを身につけて、全国どこでも受験するくらいの覚悟が必要だ。

私は、本当に幸運なことに、地元の図書館で働くことができている。けれども、こうして希望の場所に司書として就職できるのが、全国的に見ればほんの一握りだということは、入職してから思い知らされた。それだけ、司書を採用する自治体は減っていて、司書をめぐる状況は厳しい。

このことは、どこかできちんと、裕美と話をしなければいけない。

それでも、

「……これでやっと私も、司書のお仕事ができます。がんばりますので、どうぞよろしくお願いします！」と、食事会の最後に、心の底から嬉しそうに放たれた裕美の言葉に、私は心の中にあったいろいろな思いを、ひとまずそっとしまっておくことにした。

コラム◎特別整理期間

特別整理期間ってなに？　特別な整理？　図書館のお知らせを見て、不思議に思っていらっしゃる方も多いかもしれませんね。

詳しくは本文を読んでいただくとして……一番近い言葉は「棚卸《おろ》し」でしょうか。在庫の確認は、お仕事として経験のある方もいらっしゃるかもしれません。図書館にとっての「在庫」は本であり、多くの場合、在庫は一種類につき一点だけというのが特徴的でしょうか。

特別整理期間中は、「貸出されていない資料がすべて揃《そろ》っているか」を確認するのが、最も大きな仕事です。本文でも描かれていましたが、一冊ずつバーコードを読み取る作業が必要なので、担当者は腱鞘《けんしょう》炎や腰痛等にならないよう、身体の使い方に気を配ることも重要です。また、本をすべて書架（本棚）から出して、奥の方にたまった埃《ほこり》を掃除する場合もあります。美術全集など、大きく重い本を移動するので、この時期にぎっくり腰になる職員もけっこういます。最近は休館日数を減らす傾向にあり、特にＩＣタグの導入された図書館は短い傾向にあります。機器の進歩から速い作業が可能になっても、利用する人間の身体がそのスピードについていけない（疲労が回復しきれず、負傷したりヒューマンエラーが頻繁に起こったりする）こともあるので、適切な作業時間が必要です。また、職員だけでは作業が終わらず、読み取り作業を外注する（委託する）場合などもあります。なお、開架（利用者が自由に見られる部分）のチェックはできても書庫のチェックまではやりきれない場合が多いので、書庫だけは何年かローテーションで確認する場合が多いのではないかと思います。

さらに規模の大きな図書館では、開架も全部はやりきれないので、一年につき一フロアにして、ローテーションで確認する場合もあります。いずれにしても、特別整理期間中の図書館職員は、いつにも増して肉体労働と頭脳労働に励んでいると思ってください。

実際にバーコードを読み取りながら一冊一冊を丁寧に見ていくことで、「こんな本があったのか」という発見もありますし、「修理の必要な本」もたくさん見つかります。蔵書点検のあとは、大量の修理が必要な本との戦いです。また、行方不明になった本を探しやすくする意味もあり、整頓もかなり念入りにします。以前、本がぎゅうぎゅうに詰まって窮屈だった書架は、整理休館明けには少し余裕ができているはずです。意外に思われるかもしれませんが、本がぎっしり詰まった書架よりも、六割程度におさえた書架の方が本が探しやすく、また1冊1冊が目に入りやすくなるので、蔵書が「充実した」印象を受けたりもします。図書館には定期的に新刊が入ってきますので、「新版」が出れば「旧版」を書庫にしまうなどして、書架に余裕を持たせておくことも、図書館の重要な仕事のひとつです。

蔵書点検明けの図書館の棚は、いつもよりずっと綺麗になっていると思います。とはいえ、休館明けの混雑ですぐに崩れてしまうので、綺麗な状態が見られるのは、休館明けの朝一番にいらした方の特権かもしれません。

コラム◎図書館で司書として働くには

図書館で司書として働くには、いくつかの方法があります。まず働く図書館の種類です。「公共図書館」「大学図書館」「学校図書館」など、さまざまな図書館があります。勤務形態としては、「正規職員」と、いわゆる「非正規職員」があります。

公共図書館で正規職員として働くには、双葉のように公務員の採用試験に合格する必要があります。このとき「司書」という区分で募集があれば、基本的に図書館関係の職場を異動することになります。しかし、「司書」採用をしている自治体は決して多くはありません。神奈川県や横浜市など、規模の大きなごく一部の自治体で、まさに「狭き門」となっています。とはいえ、一時期に比べれば募集状況は良くなってきています。「事務（行政一般）職」としての募集だと、図書館以外にも市民課や福祉課など、色々な部署へ異動することになります。さまざまな経験を積んだり、自治体内でのつながりを作ったりすることはできますが、必ず図書館に勤務できるという保証はありません。

大学図書館の正規職員となる場合は、大学職員に採用され、公務員の行政職と同じように異動で図書館に配属されるのを狙う方法があります。また、国立の大学や研究所の場合は、地区別の「国立大学法人等職員採用試験」の「図書区分」を受験し、合格したあとに、それぞれの大学の採用試験を受けることになります。

学校図書館の正規職員では、まず教員に採用され、そこから「図書担当」になる方法もありますが、この場合は「教員免許」に加えて「司書教諭」の資格が必要です。

なお、国立国会図書館に勤務する場合は、独自の採用試験を受ける必要がありますが、司書資格は必須ではありません。合格者は一〇〇人に一人程度と、非常に倍率が高い試験となっています。

また、「図書館流通センター」など、図書館業務を請け負っている会社の正社員になるという方法もあります。

非正規職員の場合は、自治体のサイトや広報、ハローワークなどの採用情報に応募します。

日本図書館協会の図書館職員採用情報（https://www.jla.or.jp/tabid/334/Default.aspx）や図書館関連会社の採用情報のほか、「図書館・司書インフォメーションセンター～図書館のお仕事情報サイト～」（https://japan-library.info/）などもあります。FacebookやTwitter（#われわれの館）でも採用情報の掲載があるので、まめに検索してみると良いでしょう。

最後に、日本ではなく海外で働くという選択肢もあります。海外にも日本語資料のコレクションが多くあります。田中あずさ『サブジェクト・ライブラリアン　海の向こうアメリカの学術図書館の仕事』（笠間書院、二〇一八年）を読むと、アメリカでの就職事情がよく分かるかもしれません。

図書館で働こうと考えたとき、「勤務地」「働

国立国会図書館採用案内（画像は国立国会図書館ウェブサイトより）

く部署」「待遇」の三つすべてを満たす場所に就職するにはかなりの幸運が必要で、どれか一つは妥協が必要だといわれています。

正規職員の採用を求めて遠くの図書館へ行ったり、図書館でのみ働くのを諦めて一般の行政職になって異動を待ったり、あるいは待遇を諦めて近くの図書館の非常勤職員になったり……。

最近は社会経験のある「中途採用」枠を設ける自治体も多いです。しかし、そこで求められる経験は「正社員」のもので、残念ながら非正規職員として図書館で働いたキャリアは認められないことがほとんどです。公務員試験の年齢制限を過ぎたら、民間の正社員として働きながら機会を待つのもひとつの方法かもしれません。

参考：https://www.ndl.go.jp/jp/employ/employ_result.html

第2章

行政と法と図書館と

十二月。図書館の企画会議で、下諏訪館長が新しい資料を議題として提出した。紙の束に目を通しながら、智香さん、麻美さん、私、そして担当者として会議に呼ばれた裕美は、全員が顔をこわばらせていた。

「……これ、本当にやるんですか？」

最初に口を開いたのは、智香さんだ。チラリと視線をあげて、目だけで館長を見た。

下諏訪館長は、

「どうやら市議会の春日先生が、市川市立図書館のことを聞いたみたいなんだよね……」と、右手の小指でしきりに頬を掻きながら返事をした。

麻美さんがすかさず、資料を脇へ置く。館内の無線ＬＡＮにつながったノートパソコンを開いて、すばやくキーボードを叩いた。

隣から画面を覗き込むと、市川市立図書館のホームページが開かれていた。

トップページに並んだバナーの一つに「データベース」とある。情報をたくさん集めて、それらを使いやすい形に整理しているページだ。

そこからリンクの貼られたサイトに入っていくと、「市川の文学データベース」「市川のむかし話データベース」「市川市関係新聞記事索引（一九九三――二〇〇八）」など、いろいろなタイトルが並んでいる。図書館が独自で作っているものらしい。**（↓コラム◎図書館とデータベース、一三六頁）**

麻美さんはタッチパッドで画面上のポインタを動かして、その中から「市川のむかし話データベース」を選んだ。

画面には、市川市の地図の画像にリンクを貼る形で、市内に伝わっているという昔話のタイトルがいくつも並んでいる。しかもその中には、文字テキストで読めるだけでなく、朗読した音声テキストを聞くことができるものもあるらしい。

「同じようなものを作るように、っていうことですよね？」

確認をするように、麻美さんが館長に訊ねた。

「音声データの公開だけでもいいとはいうんだけどね。こういうのがあれば、図書館に足を運んでくれる市民が増えるんじゃないか、って」

「うちでもそういう結果が出るという根拠がないです。たとえば、市が地域関係でやっている事業で、なにか人が集まっているケースがあるというならわかりますが……」

「ちゃんと調べてみないとわからないなぁ」

「だったら適当に聞き流して、引き受けなければいいじゃないですか」

「いや、そうなんだけど……」

「館長も含めてたった四人しかいない専従の司書と、会計年度任用職員の司書だけで館を回している現状だけでも、もう限界です。これ以上仕事を増やすなら、予算をとって人を増やして頂かないと！」

麻美さんが、厳しい口調になる。館長を叱るときの態度だ。

けれどもこの日ばかりは、館長をかわいそうだと思う以上に、私は心の中で麻美さんを応援していた。

特にここ数か月、勤務時間内では仕事が回りきらなくなっている。私たちはほとんど毎日のように、早番の日は残業、遅番の日は早出をしてなんとか仕事を回している。そんな状態で新しいことを始めるのは、ほとんど不可能なように思えた。

それでも館長は、説明を続けた。

「市議会と市役所は、市立図書館や学校図書館の人件費だけを単純に増やす気はないみたいだし。話を持ってきた春日先生は、文教委員会の委員だから」

その言葉を聞いて、智香さんがじっと考え込むように腕を組んだ。

「たしか、もともとは高校の校長先生で、教育委員会の仕事をされてから市議会議員になった方ですよね？　これをやらないと、予算が減らされるかもしれない、と」

「逆に、データベースとか音声データの公開をやるなら、来年度の『読書バリアフリー法』関連の対策

教育行政と図書館

公共図書館の多くは、自治体の組織の中で「教育行政」の分野に組み込まれています。「教育委員会＞教育部＞生涯学習課」に「図書館」が属しているところが多いと思います。もっとも、必ずしもこの通りではなく、例えば愛知県図書館の場合は行政組織の中の「県民文化局＞文化部＞文化芸術課」に属しています。

行政からの（影響はあるものの）独立を旨とする教育委員会に属するよりも、行政組織に属していた方が図書館の立場が強いという意見もあれば、行政組織に属しているとそのときどきの為政者の方針の影響を受けやすいので、独立している教育委員会に属している方が良いという意見もあります。

また、公共図書館は教育委員会に属している以上、市町村の小中学校と連携し、将来を担っていく子どもたちに関わることが重要になってきます。たとえば、学校に司書が作ったブックレットを配付したり、子どもに「読書ノート」を記録してもらい、それを司書が取りまとめたりというような活動を行っている自治体もあります。いわゆる読書離れの解消とともに、生涯学習との接続が、そこで図られているのです。

予算増額を通すように、力を貸してくれるって」

館長の言葉に、私は、

「なんだか、悪魔との取引みたいですね……自分の身を捧げると、引き換えに特別な力が身に付けられる、みたいな」と、裕美と顔を見あわせる。

『読書バリアフリー法』は、正式には『視覚障害者等の読書環境の整備の推進に関する法律』という。二〇一九年六月二十一日成立して、二十八日に公布、施行されたものだ。

この法律では、視覚や聴覚をはじめ、体にいろいろな不自由を抱えている人でも、読書をすることができる環境の整備を目指している。

具体的には、点字図書館の整備のほか、視聴覚資料やインターネットサービスをより充実させたり、音声データのついた電子書籍を増やしたりといったことが、全国の図書館の責務として位置づけられている。（→コラム◎読書バリアフリー法、一三七頁）

「読書バリアフリー法の理念には賛同しますし、必要なことだと思います。でも、ちょっといきなりすぎるというか……」

麻美さんが、言葉に詰まった。

こうした法律を持ち出されると、私たちは何も言えなくなってしまう。

公立図書館の司書は、あくまで地方公務員だ。だから、法律で決められた以上、その中で求められていることを着実に進めないといけない。

「正直なところ。『読書バリアフリー法』の対策予算を増額してくれるだけでも、今のうちの図書館としてはありがたいんだよね。もしかしたらこの枠内で、来年度の会計年度任用職員を一人増員できるかもしれないし」

「……そこが本音ですか」

麻美さんの言葉には、少しトゲがあった。

それでも私たちは、「増員」「増額」という言葉に弱い。自治体に限らず国のレベルでも、文教関係予算が極限まで減らされている。こうした現状では、何らかのきっかけで予算がついて人が増やせるというのなら、そのお金は喉から手が出るほどほしいからだ。

たとえばアメリカやヨーロッパでは、図書館の運営費を市の予算だけでなく、寄付金でまかなっているような館もあるという。けれども日本では、そういうシステムになっていない。図書館の運営費は、どうしても自治体の予算に頼ることになる。

智香さんと麻美さんは、それ以上、何も意見を口に出さなかった。

「まあ、いきなり市川市立図書館みたいなものを作るのは無理でも、できる範囲で良いと思うよ。まずは一つ、作ってみてくれないかな?」

館長の穏やかな声だけが、静かな会議室に響いていた。

「……なるほど。それで双葉と新田さんが、データベースの企画書を作ることになったのか」

私の右斜め前にある席で、久しぶりにアルバイトとして出勤してきた裕樹が、呟くように言った。十二月に入って修士論文のほうも少しだけメドが立ったので、仕事に出てくることができるようになったそうだ。

新しい会計年度任用職員として裕美が入ったことで、私たちは事務室で簡単な席替えをした。専従職員の私と麻美さん、会計年度任用職員の裕美とアルバイトの裕樹が向かい合って座ることになり、主任である智香さんのデスクは私と麻美さんの机の脇に、こちらのほうを向けて横付けする形だ。

いつもであれば、会計年度任用職員のデスクは、専従の司書とは別の島が作られている。けれども事務室のスペースの関係と、裕美の場合は年度途中から新しく入ったということで、研修も兼ねて私たちの近くにいてもらうことになった。

「裕美は、私がやっている児童サービスの補佐役と、AV担当になったから。ゆーコンビで、叩き台の案を考えてほしいな」

私の言葉に、「なんだ、ゆーコンビ、って？」と、裕樹は眉を顰《ひそ》める。

「だって、二人とも名前が『裕』の字で始まるでしょ？」

「……昔から思ってたけど、お前ってそういうところほんと単純だな」

「それから、裕美がAV担当っていっても、えっちな動画《アダルトビデオ》のことじゃないからね。オーディオ・ビジュアルのことだから」

私のその言葉に、裕樹はこちらに視線を向けることもなく、じっとパソコンの画面に向かったままでいる。表情一つ変えない。

「反応《リアクション》くらいしてよ！　虚しいじゃん!!」

「あの……今のはさすがに、私もちょっとどうかと思います」

裕美が私に、憐《あわ》れむような目を向けた。こういう表情を向けられるのは、正直、下らない冗談を言うな！　と、叱られるよりもズシンと心にくるものがある。

「す、すみませんでした……！」

私が席に座ったまま、机に額がつくくらい深々と頭を下げると、

「新田さんが、双葉の飼い慣らし方をもう摑《つか》んでいるようでよかったです」と、裕樹。

「私、ペットか何かみたいな扱い!?」

「似たようなもんだろ」

裕樹の言葉が淡々と放たれるとほとんど同時に、私のパソコンからポーンと小さな音が響いてきた。

AVサービス

ここでの「AV」とは、「AV機器」などと同じ、「オーディオビジュアル」の略です。日本語では「視聴覚サービス」と言い、CDやDVDなどの資料を提供するサービスのことです。貸出のほか、図書館内での個人単位の視聴や、大勢で鑑賞する上映会を行うこともあります。音声資料については自由に貸出できるのですが、映像資料については著作権法三十八条五項に「補償金の支払」に関する定めがあり、「補償金額を上乗せした図書館向け専用ソフト」を購入する必要があります。同じく著作権法では、上映会は「非営利、無料」の場合は自由に行えるはずですが、実際には「上映会」の許諾のついたソフトはさらに高額になり、市販のDVDに比べて、五十倍以上の価格になる場合もあります。また、「図書館向け専用ソフト」は発売される作品自体が極めて限定的です。人気のある作品であっても、図書館向けに発売されるとは限りません。例えば国民的人気の猫型ロボットのアニメーション作品は、残念ながら現在図書館向けには提供されていません。

これから配信やストリーミング、サブスクリプションサービスなどがさかんになると、図書館でのAV資

メールが届いたときに、鳴るように設定してあるものだ。差出人は、裕樹になっている。

「なにこれ？」

言いながらパソコンを操作して開いてみると、メールにはホームページへのリンクが大量に貼られていた。

館で所蔵している古文書や地図、絵はがきや写真の画像データベースを公開している佐賀県立図書館。

「郷土人物／郷土記事索引データベース」を公開している新潟県立図書館。

クラシック音楽など一八〇万曲を無料で聴くことができる岐阜県立図書館。

新聞記事検索や雑誌記事検索といった、企業が図書館向けに提供している商用データベースが使えるようになっている公共図書館は少なくない。それ以外にも、市川市のようにこうして独自のデータベースを持っている館はある。

特に県立の図書館は、規模も予算も大きい。それに加えて、「調査研究に努めること」や、「資料及び情報を体系的に収集、整理、保存及び提供すること」が、平成二十四年に文部科学省が施行した「図書館の設置及び運営上の望ましい基準」で求められている。だから、こうした情報を県民のために提供することは、重要な役割の一つとなる。

> 料コレクションはどうなっていくのでしょうか。聴覚資料としては「ナクソス・ミュージック・ライブラリー(https://naxos.jp/nml/)」のように、インターネットを介して図書館向けサービスを提供するところもでてきています。「ナクソス　図書館」で検索すると、導入している図書館が出てきますので、利用できる方はぜひ一度試してみてください。

けれども、予算も働ける人数も限られている市町村立の公共図書館では、だいぶ事情が変わってくる。

たしかに公共図書館でも、文部科学省の基準には、「郷土資料及び地方行政資料の電子化に努めるものとする」と明記されている。市川市立図書館がホームページで公開しているデータベースの試みは、これに沿ったものだろう。

とはいえ、これはあくまで努力義務。

「私たちが何をどこまでやるのかって判断は、難しいよね……」

私は、漏らすように声を出しながら、メール画面をスクロールさせた。

「北方資料デジタル・ライブラリー」を持っている北海道旭川市立図書館。

館で所蔵している江戸前期の古文書をデータベース化して、画像で公開している岐阜県関市立図書館。

著作権の保護期間と著作権

二〇一八年十二月三十日、大きく改正された著作権法が施行されました。ニュースで話題になったのでご存知の方も多いと思います。TPP（環太平洋パートナーシップ協定）への参加に伴い、従来死後五十年だった保護期間が七十年に延びました。本文ではわかりやすく年で分けていますが、「施行日の前日において著作権又は著作隣接権が消滅している著作物、実演及びレコードについては、適用されない」という規定があり、厳密にいうと二〇一八年十二月二十九日と三十日に区切りがあります。

この改正で、「青空文庫」に収録される予定だった作品が公開を延長しており、二〇一九年一月一日付で著作権法に関する記事（そらもよう）が掲載されました(https://www.aozora.gr.jp/soramoyou/soramoyou2019.html)。

著作権法は図書館サービスと密接な関わりがあります。本文にあるような複写（コピー）サービスや、AVサービスのところで触れた「視聴覚資料」の貸出や上映、あるいは読書バリアフリー法のところで触れた点字図書などの障害者サービス、読み聞かせ昭和五十二年以降の小平市に関する新聞記事をすべて検索できる「新聞記事検索データベース」を作った東京都小平市立図書館。

映画ポスターのデータベースをやっているのは、東京都調布市立図書館。これはホームページ上では、所蔵データしか公開されていない。図書館に足を運ばないと現物を見られないものだけれど、すごく気になる。

裕樹がくれた情報では、これ以外にも、こうして独自のデータベースを作っている館はあるようだった。けれどもやっぱり、こういうことができるのはごく一部だ。

「古い資料ならともかく……著作権の問題もあるからなあ」

呟くように、裕樹が言った。その言葉に、裕美が、「作者の死後七十年でしたっけ？」と、首を傾けた。

「二〇一八年の終わりまでは死後五十年だったのが、変更になったばかりですからね。一九六七年までに亡くなった人の作品は、いつ、どこで、だれが公開しても問題ないんだけれど。一九六八年以降に亡くなった人は七十年ルールが適用されるから」

裕樹の口調には、柔和な雰囲気が漂っていた。少しだけ、館長に似ている気がする。私に対して言葉を向けるときとは、ずいぶんと違った態度だ。

「二〇三八年までは、無料で公開できないってことですね」

「そうそう」

> イベントにおける上演権、図書館だよりに掲載する本の表紙など、枚挙にいとまがありません。
>
> 法律が改正されることもあり、著作権については定期的に図書館向けの研修が開催されることが多いです。

「だから図書館で公開するデータベースはどうしても、古文書とかクラシック音楽、古地図みたいな内容になるんですね」

二人の話を聞きながら、「急に変わったから、コピーの受付も面倒になったよね……」と、私は半年くらい前に、一九六八年に亡くなった広津和郎《ひろつかずお》という作家の本を、全文コピーしたいという利用者がいたことを思い出していた。

その利用者は、もう著作権保護期間は終わっているから、全部コピーできるはずだという。法律が変わったので無理だということを、何度も説明した。けれども、まったく納得してもらえないまま、二時間くらい粘られたのだった。

「データベースを作るなら、それなりにまとまった資料が必要だろうし。ちょっと、書庫に行って探してくるよ」

裕樹はそう言い残すと、すうっと席を立って書庫のほうに向かった。

私と裕美は、裕樹の背中をぼんやりと目で追っていた。

しばらくして、裕美は私の耳元に顔を近づける。そして、

「星野さんって、ときどきちょっとカッコいいですよね」と、囁《ささや》いた。

「…………どこが？」

私は裕美の言葉を聞いて、頭の中にいっぱいの疑問符が浮かんでいるような気分だった。

その日の午後、私は事務室に積まれていた段ボール箱を抱えて、階段を降りていた。箱の中には、クリスマス用に作った飾りが詰め込まれている。十二月も二週目に入ったので、司書の出勤が重なっている日に、飾り付けを済ませてしまおうということになった。

「すみません……できれば、お手伝いしたいんですけれど」

児童コーナーのカウンターで、裕美が申し訳なさそうに肩をすぼめて頭を下げた。

「いいの、いいの。こういう力仕事のほうが私は得意だし、そこには誰かいないといけないから」

私はそう答えながらも、足がプルプルと震え始めているのを感じていた。

味岡市立図書館にはエレベーターがない。だから、一階にある児童コーナーにこうして荷物を運ぶときは、三階にある事務室とのあいだで、何往復も階段を上り下りすることになる。

うちの図書館では、カウンター業務を図書館運営センターに委託している。けれども、児童コーナーだけは扱いが別だ。

ここには、専従の司書で児童サービス担当の麻美さんか、裕美を含めた会計年度任用職員の中から誰かが、必ずカウンターに常駐することになっている。

児童サービスは、本の貸し出しやレファレンス・サービスだけが仕事ではない。児童コーナーにいる子どもたちに何かトラブルがあったときに対応したり、そうしたトラブルを未然に防いだりすることも、司書に任せられることになるからだ。

「でも……」

裕美がふたたび口を開きかけたところで、

「いいのよ。新田さんがカウンターのところにいてくれれば、私がこうして作業のほうに回れるから」

と、私の背中越しに麻美さんの声が聞こえた。

「すみません。他の職員の方が来られたら代わってもらって、すぐにそちらをお手伝いしますから」

「せめて、児童コーナーのお手伝いをしてもらえるボランティアの人だけでも、増えるといいんだけれどね」

麻美さんはそう言って、肩を落とした。

児童サービスで会計年度任用職員をしていた前任者の杉沢さんが退職してから、裕美を採用するまでの一か月間。麻美さんは休日をとることもできないまま、ほとんどずっとこのカウンターに張り付いていた。

そのおかげで、年間の休日がぜんぜん足りていない。

こういうときは、何が何でも休みを作ってほしいという連絡が、市役所の人事課から届けられる。今月はそうしたメールが、いつも以上に頻繁に届いていた。

「そういえばこのあいだ、児童コーナーボランティアの希望票が出ていませんでしたっけ？」

私は、ぼんやりと記憶の糸をたどった。

たしか、裕美がカウンターで仕事をしているときに二枚まとめて提出されたという話を、事務室で聞いた気がする。

「ああ、あれですか……」

裕美が困ったように言い淀《よど》むと、「あの話は、ちょっと無理よ」と、麻美さんが私への返事を引き取った。

「どうしてです？」

「応募してきたのが、高校生なのよ。双葉もよく知ってるでしょう？　味岡西高校の、雨宮真菜《あめみやまな》ちゃんと、宮下絵里《みやしたえり》ちゃん」

「ああ……」

頭の中に、黒い髪をボブにした丸顔の女の子が浮かんだ。

昨年、うちの図書館でイベントとして開催した、スカベンジャー・ハントの優勝者だ。当時は高校一年生だったから、今は二年生になっている。

最近は図書館に来ても自習室にいることが多かったから、あまり会話ができなかった。けれども少し前、私がレファレンスの相談でカウンターに呼び出されたときにたまたま二人が館内にいて、ボランティア募集のチラシについて訊《たず》ねられた気がする。

「うちのボランティア、募集要項では大学生以上に設定していたじゃない」

麻美さんは、うーんと唸《うな》った。

「いいんじゃないですか？　図書館の常連さんですし。もしくは、これからは高校生に書き換えることにしちゃうとか」

「そうはいかないでしょう。それだと、今回の募集で応募したかったけれど、条件を見て諦めた高校生が、他にもいるかもしれないじゃない。もしそういう子がいたら、公平じゃなくなってしまうし」

「再公募をかけたら、結局は採用が三月か四月になりますね……」

つまり、このまま他にボランティアの応募がなければ、この先数か月のあいだは今の人員だけで回さなければいけないことになる。ただでさえ麻美さんの出勤日数が超過している状態なので、はたしてそれで仕事が回るのか不安が大きい。

「そもそも、ボランティアで図書館の人手不足をなんとかしようという考えでいること自体、かなり問題なんだけどね」

ため息交じりに放たれた麻美さんの言葉に、私は苦笑を浮かべていることしかできなかった。

データベース作成に、読書バリアフリー法への対応。

ボランティアをはじめとした図書館員の確保……。

今日もうちの図書館は、いろいろな問題が山積みなのだ。

＊　＊　＊

懸案の課題は何一つ解決の見込みがないまま、一週間が過ぎていた。

正式な会議ではなく臨時ミーティングの形で何度か議論したけれど、味岡市立図書館の現状で司書が新しくデータベースの仕事を増やすことはできないし、真菜ちゃんと絵里ちゃんの二人を児童コーナーのボランティアとしてそのままお願いすることは難しい。

そういう結論に、私たちは傾いていた。

――問題は、データベースの件を、文教委員会の委員さんにどう説明するか……かな。

智香さんがぼんやりと口にしていた言葉を思い出しながら事務室で仕事をしていると、

「稲嶺さん、ちょっと書庫に来て頂けますか！」と、裕美が駆け込んできた。

「ちょっと!?　どうしたの？」

「いいから、いいから！　さっき、ちょっと教えて頂いたんです」

彼女の勢いに導かれて、私は言われるがまま地下書庫に向かって階段を下りていった。

たどり着いたのは、書庫のいちばん奥にある小部屋だった。

「この部屋ってことは、まさか……」

嫌な予感がする。

「この箱の中にあるもの、データベースにして公開できませんかね！」

満面の笑顔とともに裕美の口から放たれた言葉に、私は思わず頭を抱えた。私の予感、当たりだ。

「……どうしました？」

「いや、またかあ……と、思って」

「また？」

「うん。この部屋、いろいろみつけてはいけないものがみつかるんだよ」

「……みつけてはいけない？」

裕美は私が言ったことの意味がよくわからなかったらしく、不思議そうに私の顔を覗き込んだ。けれどもすぐに、

「それより、箱の中を見てください！」と、明るい声で言うと、段ボール箱の蓋を留めていたクリップを嬉々とした様子で取り外した。

蓋を開く。

……中から出てきたのは、大量の8ミリフィルム。

それから、磁気テープに、レコード。

蓋を閉じていたわりには、だいぶ埃《ほこり》にまみれている。茶色っぽいフィルムのところどころが、白く斑《まだら》になっているのは、黴《かび》だろうか。ものによってはだいぶ歪《ゆが》んでいるようだった。再生機にかけても、うまく回転させることができないかもしれない。

「これって、もしかしてお宝ですかね!?」

「うーん……どうかな」

「この中身がわかれば、データベースにして公開できるとか！」

「それだと、いいんだけどね」

裕美の声に生返事をしながら、私は勝川先生旧蔵の古典籍資料を調査したときのことを思い出していた。

あのときは結局、書誌データの入力だけで九か月、さらに目録の冊子を作る作業に三か月を費やし

た。一年にわたって、麻美さんと私は空いた時間をみつけては、少しずつ作業を進めたことになる。

その作業が終わって、作業したデータは館内に残し、資料そのものはようやく市立大学に移管することができた。

そのあいだ、残業時間が多すぎるという理由で、市役所の人事課からは矢継ぎ早に電話とメールが飛んできた。結果として、申請時間を過ぎてからのサービス残業を繰り返すことになったことは、言うまでもない。

「えーっ、稲嶺さん、テンション低いです。せっかく、司書の腕の見せどころなのに」

不満そうに口先を尖らせる裕美を脇目に、私も入職したばかりの頃はこんな感じだったんだろうなあ……と、妙な感慨が込み上げてきた。

今はというと、この段ボール箱に入っている資料を調査するのにどれくらいの日数がかかるのか、それをデータベース化して公開するためにはどれくらいの予算が必要なのかと、頭の中でぐるぐるといろんな考えがめぐっている。このあたりは、麻美さんからみっちりと仕込まれたところだ。

「とりあえず、この資料についてのデータや記録がないかどうか、事務室に戻って調べてみようか」

裕美をなだめるように言いながら、私は両手を腰に当てて考え込んだ。

みつけてしまったからには、どんなに時間がかかっても、この資料をなんとかしないといけない。

その発想は司書にとって、ほとんど本能のようなものだ。

事務室に戻ると、児童コーナーから麻美さんが戻ってきていた。ちょうど、裕美とは別の会計年度任用職員の人が遅番で出勤してきたおかげで、ここで仕事をする時間ができたらしい。

地下書庫の小部屋でみつけた段ボール箱について説明したところ、麻美さんの頬はみるみる紅潮していった。

すかさずOPACで蔵書検索をしたかと思うと、事務室にある資料用の書架の前に立ち、左から順番に次から次へとファイルを抜いていく。それをいくつかの山にして積み上げ、慣れた手つきでパラパラと捲《めく》っていく。

本当に麻美さんは、資料周りの仕事のことになると目の色が変わる。

「どうですか？　何かわかります？」

一時間ほどしたところで声を掛けると、麻美さんは手を休めることもせず、紙に目を落としたまま声だけを私に向けた。

「OPACには、やっぱり登録がないみたい。これは、調べてみないといけないわね」

麻美さんの目が、キラリと輝いた。

もう、あの資料を調査しないとか、見なかったことにして仕事に余裕ができるまで置いておくという選択肢は、残されていないのだろう。

「そうだ！」

急に麻美さんが、大きな声を張り上げた。

「どうしました？」

「こういうときのために、ダウンロードしておいたのよ！」

そう言って、嬉々としてプライベート用のスマートフォンを取り出す。麻美さんがこういうものを仕事中に手に取るのは、ものすごく珍しい。

「ふっふっふ……これ、これ」

私と裕美が画面を覗き込むと、「NEGAVIEW PRO」という名前のアプリが開かれていた。

なんでも、アナログ写真で使われていたネガフィルムをスマートフォンのカメラで写してこのアプリで読み込むと、現像して紙にプリントした後の写真みたいに色がついた状態で確認ができるらしい。

「フィルムの状態では、その写真がどういうものなのか、なかなかわからないから。調査するときには、夢のようなアプリでしょ！」

「おおっ！　それは気になりますね」

裕美も麻美さんと一緒に、目を輝かせている。

「ねえねえ、資料の中にフィルムなかった!?」

「きっとあると思います！」

「よしっ！　じゃあ、行くわよ」

「はいっ!!」

「ほらっ、双葉も来て！」

麻美さんは私の右手を摑《つか》むと、そのままものすごい力で引っ張って、地下書庫にふたたび連行した。街を歩いていて有名なタピオカ店をみつけたときの女子高生みたいな勢いだった。

地下書庫に着くやいなや、麻美さんは段ボール箱を次々に開いて写真のフィルムを探す。案の定、三つ目の箱を開いたところで、大量のネガフィルムがみつかった。

フィルムの状態では、何が写っているのかほとんどわからない。

けれども、麻美さんのスマホアプリを通すと、みごとなカラー写真で画面に表示されていた。もしかすると、印画紙に感光させて現像するよりも、このほうがきれいに見られるかもしれない。

写っているのはどうやら、学校の教室らしかった。授業中の風景が中心で、休み時間のくだけた表情で写っているものはみつからない。

「卒業アルバムで使った写真……とかかな」

麻美さんが、じっと画面に見入ったまま、漏らすように声を出した。

「……どこの学校ですかね？」

裕美が小首を傾げながら、脇から麻美さんのスマホ画面を覗き込む。

「校門とか、外の様子が写っている写真があるとわかるんだけれど」

私がぼんやりと口に出すと、

「ちょっと待ってて！」と、麻美さんは私にスマホを押しつけるように手渡して、書庫のほうに出ていった。

十分ほど経って戻ってきた麻美さんが抱えていたのは、味岡市の郷土史に関する資料だった。文章で書かれたものというより、写真が多めに収められているものを持ってきたらしい。

上から順番に何冊かをパラパラとめくったところで、ふと、麻美さんの手が止まった。

「たぶん、ここよ。制服が同じでしょ？」

そういって、白黒の写真が印刷されたページを、私と裕美に差し向けた。写真の下にはキャプション――写真についての簡単な説明があって、「味岡総合高校の授業風景」と書かれている。

真っ先に制服を見て学校を特定するあたり、さすがは麻美さんだ。

レファレンスの調査をするときは、ぼんやりと調査を進めていても、なかなか欲しい情報にはたどり着けない。漠然とした調査範囲の中から、何か一つか二つの要素をピックアップしたり、ある一点に焦点を絞ったりして調べると、短い時間で情報を探し出すことができる。

麻美さんは、なおも続けた。

「８ミリフィルムは、学校で教材用に使われることが多かったって聞いたことがあるから、たぶん一緒に入っていたフィルムも、同じ学校で使われていたものだと思う。シングル８だから、一九六〇年代より後になるかな。一九七〇年代……くらい？」

「麻美さん、詳しいですね!?」

私は。目を丸くする。

「ダブル８は八ミリ幅じゃなくて十六ミリ幅のフィルムに左右片側ずつ撮影するし。後から出てくるスーパー8は少し厚みが違うから」

いや、そういうことじゃなく……と、言いかけて、私は口を噤《つぐ》んだ。

麻美さんが映像関係のマニアだという話は、聞いたことがない。つまり、こういった知識が、図書館にある資料を調査するときに必要だと考えて、みずから進んで勉強しているのだろう。

そういえば麻美さんは、私と休日がたまたま重なって一緒に他の図書館に見学に行こうというときも、車ではなく電車で移動したいという。そのあいだにいつも分厚い本を読んでいて、ずっと勉強している。麻美さんのそういうところを目の当たりにしていると、私はまだまだ司書として勉強不足なんだと思い知らされる。

「一九七〇年代くらいということは、味岡市AV資料……みたいな形で、データベース公開するのは難しいですか？」

裕美が、麻美さんに訊ねた。彼女はずっと、このフィルムや写真をこのあいだ館長から頼まれたデータベース作成に使えないかどうか考えていたらしい。

「いちおう仮に整理番号はつけておくけれど……家庭用の8ミリフィルムが多いみたいだし、学校で撮影されたものだったとしたら、私的な利用以外にネットで流したりすると複製物の目的外使用になるでしょうね」

「つまりこのフィルムも、著作権の保護期間七〇年ルールに入ってくる、っていうことですか？」

「著作権だけじゃなく、プライバシーの観点でも問題になるかな。それに、たとえば学校の様子を撮った映像や写真だったら、それを閲覧したいと思う人はほとんどいないだろうし」

「そうですね……見るとすれば、この学校の関係者とか郷土史をやっている方でしょうか」

「もしこの8ミリフィルムが一般公開された映画で、著作権が切れているものだったりしたら、データベースにしても意味があるかもしれないけれど」

麻美さんと裕美とのやりとりを聞いて、

「そういえば……少し前に、東京国立近代美術館のフィルムセンターが、国立映画アーカイブに変わってましたね」と、私は記憶をたどった。東京駅の近くにあって、国内外の映画フィルムやポスター、チラシ、脚本、制作資料などを、まとめて保存・公開している施設だ。

「あの施設みたいに、フィルムを保存できると良いんだけれどね。でも、うちの館にある機材で、

国立映画アーカイブ外観

4F 図書室

7F 展示室
（写真提供：国立映画アーカイブ）

これ再生できるかなあ」

「ああ、そうですね」

返事をしながら、私は倉庫の奥のほうに古い映写機が埋もれていたことを思い出す。たしかに、使えるかどうかかなり怪しい。

「まあ、まずは中身を見てみないことには、どうすればいいか判断できないよ」

「専門の会社にお願いして、デジタル化してもらえば見られるんじゃないですか？」

「……そんなお金、どこにあるのよ」

麻美さんの言葉に、私は苦笑する。そんなわけで、館長から提案されていた館蔵資料データベース化の問題は、また振り出しに戻ることになった。


十二月は、自習室の利用率が高くなる。期末試験の時期に当たるので、帰りがけに立ち寄って勉強していく中学生や高校生が増えてくるからだ。

それ以外にも、今年は共同学習室で冬休みに出された課題を片付けてしまおうと通ってくる生徒が、今までの年よりも多い。

国立映画アーカイブ

一九七〇年、前身の「東京国立近代美術館フィルムセンター」が開館。二〇一八年に改組し、「国立映画アーカイブ」という名称になりました。日本で唯一の国立映画機関です。建物としては、上映ホールや展示室、図書室のある京橋本館と、保存庫のある相模原分館の二館あります。

話を聞くと、今年は曜日の並びが悪いということだった。お正月の三が日を過ぎるとすぐに授業が始まってしまうから、年末年始に図書館が休館になる前に終わらせないと、調べ学習の課題が終わらないらしい。

この頃の中学校や高校では、調べものをしてみんなの前で発表するような形式の授業が増えているそうだ。高校生がスマートフォンを使ってパワーポイントの資料を作っているというのも、珍しくなくなった。学校の授業ではそのままプロジェクターにつないで、プレゼンをするのだという。国語の授業だけでなく、理科や社会、英語の授業でもこういう形が増えている。私が高校生だったときにはなかった光景だ。

共同学習室は自習室と違って話をしても良いことになっているので、にぎやかな声が響いている。こういう授業が行われているときには、図書館は周りにいくらでも資料があるので、施設として持っている力をいちばん発揮できる。

それに、学校図書館では資料がどうしても足りないので、こういう学習内容にはほとんど対応できない。

特に、最近はインターネットで簡単に拾える情報だけでは発表にならないという考え方をする先生が増えてきた。インターネットを見るときは仮説を立てるのに使って、それを検証する過程は自分たちで考えたり、図書館で調べたりするようにとの課題が出されているということだ。

そんな高校生たちに呆気にとられながら部屋の奥にある窓際のテーブルに向かうと、女の子四人の集団の中に見慣れた顔があった。

「あっ、稲嶺さん。こんにちは。お久しぶりです！」

味岡西高校の雨宮真菜ちゃんだ。髪を伸ばしているせいか、前よりもずいぶんと大人っぽくなった印象がある。

「こんにちはー。何やってるの？」

私は、テーブルを覗き込んだ。その上には、本、びっしりと文字が書き込まれたメモ帳、カード、サイコロが、所狭しと並んでいる。

「TRPG《ティーアールピージー》ですよ」

「えっ……？」

「コンピューターを使わないで、このルールブックに従いながら、紙と鉛筆、ダイスなんかを使いながらやるRPG《ロールプレイングゲーム》です」

真菜ちゃんによると、『ドラゴンクエスト』や『ファイナルファンタジー』といったコンピューターRPGの、元になったタイプのゲームらしい。ゲームマスターになった一人がシナリオを作り、それ以外のゲームの参加者がゲームのキャラクターになりきって、ゲームマスターと対話をしながら進めていくのだという。

「水野良の『ロードス島戦記』が流行していた一九九〇年代はじめに流行していたらしいんだけれど、最近、高校生のあいだでまた流行っているのよ。特に、ラヴクラフトが作った『クトゥルフ神話』を題材にしたものが人気みたい」

　不意に背後から、麻美さんの声が聞こえた。

「山下さん！」

　真菜ちゃんの声が、ぱあっと明るくなる。彼女は、「またシナリオ考えてくださいよー！」と、麻美さんに甘えるように言った。

「……シナリオ？」

　私は思わず、麻美さんのほうを振り返った。真菜ちゃんが続ける。

「このあいだ山下さんが考えてくれたのが、すっごくおもしろかったんですよ。さすが、毎年夏と冬に、東京の同人誌即売会で、薄い本を作って売っているだけありますよ！」

「ちょっ……真菜ちゃん、その話はちょっとストップ！」

　麻美さんが慌てたように、真菜ちゃんを制止した。彼女がＢＬ《ボーイズ・ラブ》の同人誌を作って売っていることは、公然の秘密なのだ。

「一九九〇年代はじめっていったら、前にブームがあったのは館長が中学生くらいだったときですかね」

　私は強引に、話題を引き戻した。

「そうね。ほら、このあいだ味岡西高校の図書館報に、シナリオみたいなのが載っていたでしょ？あれが、『リプレイ』っていって、ＴＲＰＧのシナリオをゲーム中にどういうふうに実演したかの記録なのよ」

「実演……ですか？」

「一人が設定されたキャラクターの一つになりきって、ゲームを進めるから」

「なるほど……だから、役割演技《ロールプレイ》なんですね」

麻美さんによると、井上奈智・高倉暁大・日向良和『図書館とゲーム　イベントから収集へ』が二〇一八年に出版されてからというもの、図書館でボードゲームやＴＲＰＧを収集したり、イベントとして実際にプレーする場を提供したりする館が増えているらしい。ヨーロッパの図書館では早くから行われていて、特にドイツの図書館では、重要な児童サービスのひとつとして位置づけられている。**（↓コラム◎図書館とゲーム、一三九頁）**

もちろん本の収集と貸し出しは、図書館にとっていちばん大事な仕事だ。けれども今は、図書館を、いろんな人が出会って、そこでコミュニケーションをとりながら思い思いの時間を過ごしたり、生活に必要な情報のやりとりをしたりする場所として位置づけ直そうという考え方が世界的な流れになっている。

そう考えると、麻美さんが児童コーナーでＴＲＰＧのシナリオを高校生に作ってあげるというのも、司書のお仕事の一つだと言えるかもしれない。

私はそれからしばらく、真菜ちゃんたちがやっているＴＲＰＧの様子を眺めていた。

そのあいだ頭の片隅にはずっと、真菜ちゃんと絵里ちゃんが出したボランティア希望票のことがチラついていた。どこかのタイミングで、希望に応《こた》えられないことを伝えなければならない。

……そうは思いながらも、なかなかその言葉が口を突いて出てこない。

せっかく自分から、ボランティアをやりたいと申し出てくれたのだ。もしできることなら、その希望は叶えられるようにしてあげたい。

図書館のボランティアの人が足りないということも、もちろんある。けれどもそれ以上に、たとえどんな形であっても、図書館に関わる人を増やしていくことや、図書館に対して理解を示してくれる人の輪を広げていくことが、私たちにはいちばん必要なことのように思える。

そんなことをぐるぐる考えていたせいで、私は結局、真菜ちゃんにボランティアの話を切り出すことができずにいた。

＊　＊　＊

図書館に市議会議員四人の視察が入るという連絡がきたのは、それから数日後の午前中のことだった。しかも、その日の午後にスケジュールが空いたので、二時に来たいのだという。

「文教委員会の春日先生ですか？」

私が訊ねると、麻美さんはやれやれといった様子で髪の毛を掻き上げた。

「ううん。松島先生みたい」

「ああ……」

松島先生。その名前を聞いて、嫌な予感がした。

市議会議員選挙のとき、図書館の予算を削減して、その予算を小中学校での英会話の指導や、タブレットPCの購入に当てるべきだと主張していた人だ。

結局、各学校に1クラスぶんのタブレットPCを買う予算はついた。けれども、アクセス制限がかなり強力にかけられていて、授業で必要なサイトがほとんど見られないのだという。せめて、ジャパンナレッジでも契約して生徒・児童たちが電子上の百科事典にアクセスできるようになればよかったのだけれど、そこまでの予算は取れなかったそうだ。

その結果、タブレットPCは学校の倉庫に積まれたままになり、市民からの苦情が出て、いま市議会で問題になっている。

「ほんと、いきなりは勘弁してほしいよね」

麻美さんはそう言って、ため息をついた。

図書館の視察は、一年単位で数えるとかなりの回数がある。味岡市の市議会議員はもちろん、県議会議員や味岡市以外の議員、役所の担当者、司書、学校の先生といった人たちが、図書館を見学しに来るのだ。

こういうときは基本的には館長が対応するけれど、うちの館では場合によって、司書が誰かしらつきっきりで説明する。特に今回は、AVコーナーと児童書コーナー、一般書コーナーが見たいという指定があったので、どうしても児童コーナー担当の麻美さんと、文芸書以外の一般書を担当している私が中心になって、その役割を負うことになる。

この時期の児童コーナーは、十二月二十四日から二十五日にかけて開催するクリスマス会の準備で目が回るほど忙しい。ここで半日つぶれるのは、かなりの痛手だ。

「視察の説明だけなら、智香さんと私だけでもできますよ？」

私はそう提案したけれど、

「仕方ないよ。智香さんに任せきりというわけにもいかないし、今から双葉が児童コーナーについてのデータを暗記するというわけにもいかないでしょう？」と、麻美さんは言った。

児童コーナーの利用状況についてのデータは、会議でいつも共有している。けれども、担当が違うとどうしても細かいデータまでは頭に入っていない。

だからどうしても、翌日までに頭に入れるか、資料を見ながら説明することになる。それでは司書としての専門性に疑問を持たれかねないというのが、麻美さんの判断だった。

ちょうど午後二時に、黒塗りの車が図書館の入口前に駐《と》まった。

中から出てきたのは、六十歳を少し過ぎたくらいの、恰幅《かっぷく》の良い男性。その他に、三人の市議会議員をしたがえている。

「本日はどうぞよろしくお願いいたします」

智香さんがまっさきに出ていって、深々と頭を下げた。

その様子に、今回の視察を持ちかけてきた松島先生が、表情を綻ばせた。

「突然ですまんね。議会の党質問で、図書館を取り上げようと思って。よろしく頼むよ」

市役所の職員たちのあいだで、智香さんは秘かに「オジサン殺し」という異名を持っている。すっきりとした見た目と、しなやかな身のこなし、相手をうまく立てながら気持ちよく話をさせる雰囲気が、四十代以上の男性から異常に受けが良いのだという。

女性に対してそういう評価はどうなんだろう……と思いながらも、実際にオジサンたちの反応を見ていると。妙に納得させられる。

松島先生は上機嫌に自動ドアをくぐって、館内に入っていった。

視察では、まず三階事務室の応接用ソファで、図書館の近況について説明をする。

図書館の運営方針や、館の特徴、議会と図書館の連携について。

こうした全体の説明に加えて、一般利用者に関する説明に移る。

利用者の数、本の貸出数、新規に購入した本のNDC分類ごとの冊数と、よく利用者に読まれているタイトル。実施したイベントの内容と、その来訪者数。分館や学校図書館との連携事業について。

特に、前の年度から力を入れている市内の学校図書館との連携については、少し長めに時間をとって説明をすることになった。

市議会ですでに報告される内容と重なっている部分もあるけれど、こうした視察に備えて、図書館にはより具体的な資料がいつも用意してある。内容は、毎月少しずつ更新をして、年度末に全体的な見直しを行うことになる。

「一回でどれくらい、学校団体貸出ができるのですか?」

議員団の中にいた五〇代半ばくらいの女性議員の方からの質問に、

「五人以上の一団体につき申込書五枚、一枚に五十冊まで記入できるので、二五〇冊になります。学校全体に貸し出すときは、申込書を同時に十枚まで、五〇〇冊ですね。本だけでなく、視聴覚資料や、それを再生して映し出すための機材についても貸し出しています」と、智香さんが淡々と答えた。

「一か月にどれくらいの団体から申し込みがあるの？」

別の男性議員からも、質問があった。

「月によっても違いますが……データは資料の七ページ目にあって、年間ののべ数で二一〇団体、一か月あたり、だいたい十五から二十団体くらいでしょうか」

智香さんはほとんど資料も見ないまま、投げかけられてくる質問に対して次々に答えていく。私もこんなふうになりたいと、いつも思う。

いつもはほんわかした空気を漂わせている智香さんが、こうしてクールな態度で司書の仕事をしているときの様子は、本当にカッコいい。

そんな智香さんの様子に舌を巻きながら、私は脇目でチラリと松島先生を見た。

今日の視察を言い出したのは、彼だという。それなのに、さっきから智香さんの説明にもあまり興味がなさそうな様子でいる。

つまり、今日の視察の目的は、こうしたひとことおりの説明を受けることではないということなのだろう。

松島先生はしばらく、智香さんの説明とは関係のない資料のページを、パラパラと捲《めく》っていた。

やがて、十分ほど経ったところで、

「そろそろ、館内の様子を見せてほしいのだが」と、智香さんが他の議員にしている説明を、遮るように声を出した。

他の議員たちは、そんな松島先生の態度に、目をぱちくりと瞬《しばたた》かせている。

けれども智香さんは、まったく動じた素振りも見せない。

「そうですね。では、どちらからご覧になりますか？」と、にこやかに返事をした。

そんな智香さんの様子に、松島先生がニヤリと笑って口を開く。

「……そうだな。まずは、ＡＶコーナーを見せてもらおうか」

ＡＶコーナーは、一階にある児童コーナーの脇に設置されている。

図書館にこのコーナーが設置されるときは、どちらかというと文芸書以外の一般書棚の隣に作られることが多い。うちの館が児童コーナーの脇に設置しているのは、私が入職する前まで勤めていた司書が、分館で子ども向けの映像資料や音声資料を多く選んでいたことに由来しているのだという。

ＡＶコーナーを作るときにそれらの資料を本館にまとめて移したので、資料の構成上、この場所が良いだろうということになったそうだ。

「どうして、最近の映画が入っていないんだ？」

松島先生は、不機嫌そうに顔をしかめた。

「視聴覚資料は娯楽のための映画というよりも、教育や学習の観点で必要なものを買ったり、映画なども図書資料との関係や、資料保存の観点を踏まえたりしながら収集していますので」

質問に答えたのは、ここから智香さんに代わって視察の説明に入った麻美さんだった。

「これでは、見に来るような利用者もいないだろう？」

「事務室でお見せした資料にありましたように、利用者数は、他館に比べても多いほうだと思います。むしろ、ＡＶ資料閲覧用のブースが八つしかないために、休日になると朝早くに席が埋まってしまうので、もっと席を増やせればと思っています」

麻美さんの答えが、自分の予想とは違っていたのが面白くなかったのだろうか。

松島先生はピクリと眉を動かした。

「古い映画なんて、インターネットの無料動画サイトで落ちているだろう？」

「そういう動画は著作権が……」

私がそう言いかけたところで、麻美さんは、私が着ている服の裾をぎゅっと握った。反論をして議員の機嫌を損ねないように、ここは自重するようにとのことだろう。

「どうした？」

松島先生が不審そうにこちらに目を向けたので、

「いえ、なんでもないです」と、私はとっさに愛想笑いでごまかした。

けれども松島先生は、語気を荒くして続けた。

「図書館なんて無料化資本屋みたいなものなんだから、もっと利用者が増えるように、新しい映画をどんどん入れればいいじゃないか」

その言葉に、私は内心でカチンときていた。

図書館を「無料貸本屋」と呼ぶのは、二十年くらい前にとある雑誌の記事で議論になったものらしい。ベストセラー本を大量に購入して利用者に貸し出しているために、本来は本が購入されることで作家にもたらされるはずだった利益が、損なわれているのだという。

こうした批判が見当違いなものであることは、実際に図書館で買われているベストセラー本の冊数が他の本と同じように一冊から二冊程度でしかなく、それ以外の図書資料と変わらないという、日本図書館協会と日本書籍出版協会の合同調査で明らかになっている。それに加えて、同じ本を何冊も購入することは選書の観点でも問題があるし、今では複本の所蔵を抑えている館がほとんどになっている。

だから、図書館が購入する冊数の影響なんて、ベストセラー書籍に関しては微々たるものだ。むしろ、ベストセラーのように何万部といった単位で売れる本ではないものは、図書館での購入によって、はじめて利益が出るということが少なくない。出版文化全体という観点で見れば、図書館が果たしている役割のほうがむしろ大きい。

それに、図書館の本は、税金で購入している。無料ではなく、市民から預かった税金が市民にとって意味があるものになるように、私たち司書がその使い方を決めているのだ。だからこそ、購入のときの選書では会議を開いて、私たちは議論を重ねることになる。

けれども、「無料貸本屋」というイメージだけが一人歩きしている。そのおかげで、今でもときどき、こうした主張をする人は少なくない。

私のこうした思いも、少なからず影響していたのだろうか。

なんとなくピリピリとした空気が漂いはじめた。あまり会話もないまま、淡々と視察が続いていった。児童コーナーから文芸書コーナーと、視察は続いていく。

事件が起きたのは、議員団がレファレンス相談や、閉架書架から本を出納するための受付にさしかかったときだった。

席にいたのは、図書館運営センターでスタッフをしている若い女性だった。座ったまま、ブックトラックに乗せられていた本を何冊かまとめて取り出し、机の上に重ねている。そこから本を取り上げ、ぱらぱらと捲《めく》っている。

そこに、松島先生が近づいて行った。

「お前、なんでサボって本なんか読んでいるんだ？　ちゃんと仕事しろ！」

静かな館内に、太い声が響いた。

館内にいた利用者の視線が、いっせいに女性職員と松島先生に集まる。

図書館内の空気が、ざわりと、さざめいたような気がした。

「あっ、いえ……あの………」

スタッフの女性は胸を突かれた様子で、目を泳がせている。何が起こったのか、なぜ自分が怒鳴られているのか、理解できずにいるらしい。

「まったく、司書なんてそのうち人工知能《AI》に置き換えられる仕事なんだし、サボっているのなら、どんどん減らしていけばいいんだ。こんなところに無駄な金なんか使わないで、スポーツ施設を建てるとか、成績の良い部活動を支援するとか、教育予算は別のところに使えばいいんだよ」

松島先生の言葉に、私は、この視察が始まったときから少しずつ折り重なっていた苛立《いらだ》ちが、一気に膨れあがっていく気がした。その感情はだんだんと怒りへと変わり、

――ちょっと、先生！　それはさすがにおかしいんじゃないですか!!

声を荒らげようとしたところで、

「すみませんが……ちょっとよろしいですか」

響いてきた落ち着いた声に、私の言葉は遮られた。

見ると、ロマンスグレーの髪に、すらりと背が高い、初老の男性が立っていた。市議会議員の春日先生だ。

「学校と図書館との地域連携事業について、具体的な取り組みを行っている自治体についての資料が見たいのですが……」

二人の市議会議員から同時に声をかけられて、スタッフの女性は完全に固まってしまっていた。

　すると、

「こういう内容はこちらの方よりも、専従職員の稲嶺司書のほうがよろしかったでしょうか？」と、不意に私に、穏やかな視線を向けた。

「あっ、はい！」

　私は間髪を入れずに返事をして、カウンターの中に回り込む。

「ちょっと、失礼します」

　運営センターのスタッフの耳元で囁くように声を掛けて、席を替わってもらった。

　レファレンス用のパソコンに向かう。

「地域連携」とネットで検索しただけでは漠然としているので、ひとまず「学校」「実例」「図書館」と、スペースでつないでキーワードを増やしてみた。

　千葉県や文部科学省の行政資料のほか、国立国会図書館で図書館や図書館情報学に関する情報を提供している「カレントアウェアネス・ポータル」といったページが、まずは目に入った。

　鳥取県や新潟市、長野県塩尻市などで実例があるらしい。文部科学省の資料は平成二十三年のものなので、少し古いかもしれない。

　というのも、文部科学省の資料によると、平成二十九年に地方教育行政の組織及び運営に関する法律の改正があって、学校と地域との連携事業についての考え方がかなり大きく変わってきているらしいのだ。それによると、地域の人たちが児童・生徒・学生を「支援」するだけでなく、子どもたち

が事業に参加をして、「協同」で活動をすることが求められているのだという。（↓コラム◎図書館と地域連携事業、一四一頁）

この点を踏まえて、国立情報学研究所の「CiNii《サイニィ》」や、国立研究開発法人科学技術振興機構の「J－STAGE」、皓星社《こうせいしゃ》が提供している雑誌記事検索サイト「ざっさくプラス」、国立国会図書館の「NDL－ONLINE」などの主なデータベースを調べ、それからうちの図書館の館内用蔵書検索システムにキーワードを入れて、地域連携事業について書いた雑誌記事や本のうち、比較的新しいものを探していく。

春日先生とおしゃべりしながら手を動かして、ここまででだいたい十分。

「リストでお渡しすることもできますが、資料のコピーがあったほうがよろしいですよね？」

確認をするように私が訊ねると、「来週まで良いので、送って頂けますか？」と、春日先生は答えた。

「印刷したものを紙でお送りしたほうがいいでしょうか？」

「いえ、タブレットPCで見るので、PDFで構いません」

「わかりました。主なものをピックアップして、リストと一緒にお送りします」

春日先生と私がやっていた一連のやりとりを、視察をしていた市議会議員たちは、声も発さずにじっと見守っていた。

やがて、私がレファレンス用パソコンから事務室にある自分のパソコンにデータを送ったところで、

「行政支援レファレンスは、使われたことがなかったですか？」と、春日先生が、チラリと松島先生に目を向けた。

「行政支援？」

松島先生は、不思議そうに私の前にあるパソコンの画面を覗き込んだ。

「ええ。行政文書を図書館で保存したり、職員や議員が調べものに必要な資料を図書館で借りたりすることはもちろんです。それに加えて、こうして政策立案に必要な資料を調べたり、それぞれの自治体が行っている具体的な政策の事例について調べたりする手助けを、図書館で受けることができるんです。市町村の図書館ではまだあまり広がっていませんが、それでも四割くらいの館でやっていますよ」

「な、なるほど……」

「図書館のスタッフはカウンターにいるとき、

行政支援レファレンス

本文で田原市図書館の行政支援レファレンスが採り上げられていましたが、同図書館の「まちづくりにつながる行政・議会支援サービス」は、二〇一九年に「第五回図書館レファレンス大賞」の「文部科学大臣賞」を受賞しています。このときのプレゼン資料がネット上で公開されています（https://www.libraryfair.jp/news/9513）ので、よろしければご覧ください。

図書館にとって行政のレファレンスを受けるのは業務の一環ですが、近年特に注目されているのは、役所内の「議会図書室」の改善、活性化という流れとも関連が深いのではと思います。たとえば広島県の呉市は議会図書室を改革し、二〇一六年に「第十一回マニフェスト大賞優秀成果賞」を受賞しています。議会図書室を「図書室」として使えるようにするためには「人と資料」が重要ですし、そのためには公共図書館と連携することも多いでしょう。

なお、国の場合は「国立国会図書館」という名の通り、国会や行政、司法部門へのサービスを提供しています。国会分館のほか、各省庁や裁判所など、合計二十七の「支部図書館（https://www.ndl.go.jp/jp/aboutus/outline/organization.html）」があります。

私のような利用者が声をかけやすいように、できるだけ仕事をしないように教育されていますから。さっきのは、本の中に何か挟まっているものがないか、書き込みがされてしまっていたり、破損していたりしないかたしかめていたんでしょう。あれでも、ちょっと働き過ぎているくらいです」

春日先生の声は、静かな館内に響いていた。もともと学校の先生をしていただけあって、地声で話すときでも、遠くまで飛ばすように声を出す癖がついているのだろうか。

すると、春日先生はふたたび私のほうを見て、

「行政支援レファレンス事例集のタブレット配信はどうなっていますか？」と、訊ねた。

向こうで会話をしているものだと思って油断していた私は、慌てて返事をする。

「来年三月に、市議会議員の先生方と市役所職員の共有タブレットに、行政支援で行ったレファレンス・サービスの事例を配信します。えっと……豊中市立図書館が二〇一〇年から行っている『庁内仕事応援事業』や、愛知県田原市の行政支援サービスを参考にしました。市の職員や議員の方から、団体貸出や行政イベントのサポート、他の自治体が作っている条例についてご相談を受けて、それに回答したときのデータになります。それから、八月に実施した議会と市民との地域課題についての懇談会議事録も、その中に含める予定です」

私は、前に会議で話し合った内容を思い出しながら答えた。少したどたどしくて。智香さんのようにはいかない。それでも、必要な情報は過不足なく伝えられた気がする。

「ええ、それでお願いします」

春日先生は満足そうに、コクコクと首を二度縦に振る。

私がその返事にホッと胸を撫で下ろしていると、春日先生はもう一度松島先生のほうを見て、ニヤリと笑った。

「図書館の司書の方は、こんなふうにかなり忙しいんですよ。どうですか？　よろしければ、今日の視察、稲嶺司書に代わって私が松島先生にご説明さしあげますが」

「い……いや、けっこう」

松島先生は狼狽したように、しきりに視線を泳がせながら、春日先生から目を逸らした。

「そうですか。せっかくですから、松島先生も図書館を利用されていけばよろしいのに」

「今日の視察は、これでもう終わる予定でおりますので」

言いながら、松島先生はそそくさと、閲覧室の出口に足を向けた。他の三人の議員たちも、松島先生に続いていく。

私が慌てて議員団の後を追おうとすると、春日先生がひと言、ぼそりと呟くように言った。

「読書バリアフリー法対策の企画も、待っていますからね」

そういえば、バリアフリー法関連のデータベースを作るように話を持ちかけてきたのは、この春日先生なのだ。

文教委員会に関わっている市の職員たちは、春日先生は一筋縄ではいかないと、いつも口を揃《そろ》えている。私は、市役所に行ったときのそんなやりとりをしたことを思い出しながら、

「はい……来週には、企画書の形にしてご提案します」と、ほとんど無意識のうちに、思わず声を発してしまっていた。

企画書を出すときは、一週間以内。

入職した直後に智香さんから言われたことが、いつの間にか習慣になっていたのだ。


翌日。

早番で出勤した私は、前の日に春日先生から頼まれた学校の地域連携事業についての資料をまとめていた。

しばらくのあいだ手を止めて、じっとパソコンの画面に見入る。事業に関係するそれぞれの自治体の行政資料をみている中に、ＰＤＦファイルで公開された気になる行政文書がみつかった。

画面上に目を走らせているうち、いつの間にか十一時を過ぎていたらしい。

遅番で二時に出勤を予定していた麻美さんが、駆け込むように事務室に入ってきた。マフラーを外すことも、紺色のコートを脱ぐこともしないまま、バタバタと自分のデスクに鞄を置いて、中を手で探っている。

「おはようございます。昨日の視察、大変でしたね」

私が声をかけると、麻美さんは、ようやく私の存在に気が付いたように顔を上げた。

「おはよう。あそこですぐに松島先生に突っかからないなんて、双葉もずいぶん成長したじゃない」

麻美さんの顔は、長時間ストーブにでもあたっていたかのように上気している。

――……そうじゃないんです。私が声を上げるより先に、春日先生が入ってきたんですよ。

私はそう口に出そうと思ったけれど、「春日先生に、助けられました」と、作ったような笑顔を麻美さんに向けた。

けれども麻美さんは、あまり前の日の視察のことに興味はないらしかった。ほどなく、鞄の中から一枚の透明プラスチック製のケースを取りだし、

「これ、ちょっと見て！」と、私のほうに差し向けた。

中には、一枚のＤＶＤディスクが入っている。

「……なんですか？」

「いいから、いいから」

こういうときの麻美さんは、好きな相手にプレゼントを渡すときの女子中学生みたいに見える。いつものクールな態度が吹き飛んで、急に行動が幼い態度になるのだ。

私は、麻美さんに言われるがまま、自分のパソコンにディスクを挿入した。

ディスクが回転する音がキュイーンと小さく鳴って、映像再生用のアプリが立ち上がる。

どうやら、ディスクの中には動画のデータが入っているらしい。

しばらくして画面に映し出されたのは、教室の光景だった。

雑音に混じって、生徒たちがガヤガヤと騒ぐ音が、スピーカーから聞こえてくる。

「……これって」

私は漏らすように声を出した。

味岡総合高校の教室。書庫で見つけた写真のフィルムに写されていたのと、同じ場所だ。

「DVDダビングサービスを使ってみたの」

「もしかして……自腹ですか⁉」

「8ミリフィルムは、みつけたときに仮の整理番号はつけておいたでしょ？　だから、紙の貸し出し簿に記録して、ちゃんと貸し出し手続はしたよ」

「そういう問題じゃなくて！」

富士フィルムがやっている8ミリフィルムのデータ化サービスについては、書庫で見つけたその日のうちに、麻美さんが調べていた。たしか、直径十五センチのシングル8で撮られた三十分の映像をデジタル化して、一本あたり九六八〇円だったはずだ。

図書館や博物館でこういう作業をちゃんとやるなら、外注してデジタルデジタルデータに変換してもらったものを保存するしかない。けれども、一本でこれだけのお金が必要になるのなら、どうしてもデジタル化したほうが良い貴重な資料ならともかく、うちの館にはそうするだけの予算はないという話になっていたはずだ。

「こういうのは、正式に館から依頼して作業したほうが……」

私が戸惑い気味に言うと、麻美さんはまったく気にも留めない様子で、

「けっこう長いフィルムだから、半分しか映像化してないよ。それなら、ちゃんと著作権の範囲内だし。大丈夫だって」と、声を弾ませた。

たしかに、私たちも一般の利用者と同じように、図書館の資料を借りることがある。たとえば、利用者向けに読書案内のペーパーを作るときは、勤務時間中に紹介する本を読んでいる余裕はない。そういうときは、館内者用の貸出カードで借りて、自宅で読んでくるようなことも多い。もしコピーが必要なら、著作権法の範囲内なら、図書館の経費はもちろん自費で複写することもできる。

それにしても、館内にあった内容不明のフィルムについて調べるためにここまでするというのは、資料調査好きの麻美さんだからこそなせる業《わざ》だ。たとえば、同じことをやるように裕美に勧めることは、けっしてできない。

「動画のはじめから、七分三十五秒のところ。ちょっとみてちょうだい」

興奮したような、少し上ずった声で麻美さんは言った。

私はマウスでアプリを操作して、七分二十秒くらいのところに合わせる。

教室の机の上に、本が積み重ねられていた。それを取り囲むように座った生徒たちが、先生の指示で一冊ずつ本を手に取っていく。やがて、本を持っていった生徒たちは、円い形に並べた椅子に座っていく。

しばらくすると、画面の外側にいる先生が、何か説明を始めたらしい。

男性の声だということはわかる。けれども、音声が途切れ途切れになっていて、その内容はよく聞き取ることができなかった。

ちょうど説明が終わった頃、円形に座った生徒の一人が、本を持って立ち上がる。

そして、

——永訣《えいけつ》の朝
そうタイトルを読みあげた声だけは、はっきりと聴き取ることができた。

宮沢賢治が書いた、詩のタイトルだ。どうやら、朗読の授業をしているらしい。

生徒が朗読を終えると、その詩についての話し合いがはじまる。

十五分ほど経ったところで、ブツッと音を立てて映像と音声が途切れた。

私は、「永訣の朝」の朗読が始まった十一分三十七秒のところに映像を戻した。二度、三度と、繰り返しその場面を再生する。

「どう？　なかなか面白い資料でしょう？」

麻美さんが嬉しそうに口にした言葉。

けれども私は、その問いかけには答えなかった。

まったく別のことを、考えていたからだ。

椅子からすっと立ち上がる。

「どうしたの？」

麻美さんがびっくりしたように、目を大きく開いた。

「……私、できるかもしれません」

ポツリと、つぶやく。

「えっ……何が？」

「春日先生から言われていた視聴覚データベースの企画書と、真菜ちゃんたちが出してきたボランティアの申し込みへの回答です！」

＊　＊　＊

クリスマスも間近に迫った土曜日の午後。私たちは、会議室に集まっていた。

館長、智香さん、麻美さん、裕美、私。それから、情報機器担当と会計担当の図書館員がそれぞれ一名。

そして、この日の会議には、春日先生の姿もあった。

十二月の定例議会開催期間中なので、平日の議員さんはとても忙しい。そのため、図書館内部での会議を通したあとで、今回の企画について議員控室までご説明に伺いたいと、館長が申し出た。すると、土曜日なら休会になるので、春日先生が図書館に来て下さるという返事があったのだ。文教委員会で行う質疑のためにヒヤリングしたいという意向があって、ミーティングに参加して下さるのだという。

図書館員のミーティングにこうして出てこられる議員さんは、とても珍しい。

私はスクリーンの脇に座って、パソコン上のプレゼン資料をプロジェクターで映し出した。

手のひらが汗で湿っている。

少し、緊張しているのかもしれない。

ゴクリと唾液を飲み込んだところで、麻美さんが近寄ってきた。

「手伝おうか？」

私の右肩に手を乗せて、耳元で囁《ささや》いた。

「……平気です」

私は麻美さんを見上げて微笑みかけると、肩に乗った麻美さんの手の甲に、自分の手のひらを重ねた。

「そう？　じゃあ、がんばって」

そう言って自分の席に戻っていく麻美さんを目で追っているうち、少しだけ心が落ち着いた気がする。息を大きく一つ吐いて、プレゼン資料を操作した。

味岡西高等学校・味岡中学校・味岡市立図書館　地域連携事業企画案
音訳ボランティアによる視聴覚資料データベースの構築

味岡市立図書館司書　稲嶺双葉

大きな文字が、スクリーンに映し出される。

私は椅子から立ち上がり、すうっと大きく息を吸った。

「本日はご多忙のところ、お集まり頂いてありがとうございます。これから、来年から本図書館で進めていく、新しいデータベース事業についてご説明いたします」

そう言って会場を見渡すと、会議参加者の顔はじっと画面のほうに向いていた。麻美さんだけが、チラリと私に目配せする。

そのおかげで、私は少しホッとして、スライドの二ページ目を映し出した。

提案した企画は、著作権が切れた文学作品の朗読を、味岡西高校の生徒——つまり、ボランティアの希望票を出してきた雨宮真菜ちゃんと、宮下絵里ちゃん、そして、味岡中学校の生徒で、絵本朗読ボランティア団体の「おひさまの会」に入っている青山水希ちゃんと沢本遥ちゃんの二人にやってもらい、それをデータベース化して公開するというものだ。

まずは、宮沢賢治、新美南吉、小川未明といった、著作権保護期間が修了している作家による童話作品を中心にして、音声データを録音する。これは、私が大学のときに日本の児童文学で卒業論文を書いたのである程度わかっているということもあるけれど、それ以上に、館で所蔵しているＡＶ資料が、もともと児童向けを中心にしていることが大きい。

これなら、朗読者からの許諾さえ得られれば著作権の問題はクリアできるし、なぜこうしたデータベースを味岡市立図書館で作るのかという理由が明確にできる。その両方を踏まえながら、読書バリアフリー法への対応として位置づけられる。

それに、館でお願いするボランティアは大学生以上で募集してしまったけれど、学校と図書館との地域連携事業という形であれば、「募集」ではなく学校への「依頼」として新規に始められる。図書館でボランティアをしたいという真菜ちゃん、絵里ちゃんの希望に応えることができる。味岡中学校の二人は「おひさまの会」でボランティア登録を済ませているし、朗読コンクールの全国大会出場者なので、朗読の指導もお願いできるかもしれない。

プレゼンのまとめ資料を映し出しながら、私は声のトーンを高くした。

「現行法や新しい法律に対応しながら、味岡市民がお互いに関わり合いを持ちながら学びの成果を社会に活かす場として図書館を位置づける、館の基本計画にも合致した企画だと思います。よろしくご検討のほど、お願いいたします！」

私は深々と頭を下げた。

顔を上げると、会議の参加者は資料を何度も捲って、じっと考え込んでいる。

私はプレゼンを始める前と同じように、ぐるりと会場を見渡した。

「稲嶺司書、ありがとうございます。質問がありましたら……」

館長がそう言いかけたところで、

「現状で実施している読書バリアフリー法に関連する事業とその規模、それと新しい企画との違いについて教えて下さい」と、春日先生が顔を上げ、鋭い視線でまっすぐに私を見た。

「あっ……はい」

いきなりの核心を突いた質問に、私はたじろぐ。

けれどもこの部分は、プレゼンでは時間の関係では省略してしまったけれど、資料が用意してあった。私は画面の資料を切り替えながら、

「先ほどは飛ばしてしまったんですが、資料の十二ページをご覧下さい」と、早口に言って、続けた。

「読書バリアフリー法に対する現状の対応といたしましては、点字図書と、出版者が出している朗読CDの購入が柱になっています。予算規模については、お配りした資料のとおりです。それから、一般書コーナーの奥にある対面朗読室で、活字を読む読書が困難な方に向けて、ボランティアが一回二時間まで、本の読み聞かせを行うサービスがあります。ただ、どうしても週末の土日にしかできないので、これを視聴覚資料としてデータベース化することで、恒常的なサービスを行うことが可能になります」

「新しい予算はいらない、と？」

「いえ。朗読してもらう生徒さんたちは学校が図書館から少し遠いし、車で来ることもできないので、来て頂くたびに交通費を支給する予定です」

一回につき往復で一人四二〇円だけれど、こういう予算でも、図書館では必ず書類を通していかないといけない。

「それだけですか？」

「あとは、音声データをどうするかです。市川市立図書館に『市川のむかし話データベース』の朗

読音声データの作り方などを問い合わせてみた上で、もし可能なら、この事業を担当する会計年度任用職員を一名増員するか、録音した音声の編集を外注したいのですが……」

「なるほど。わかりました」

春日先生は小さくうなって、ふたたび資料に目を戻した。

その反応に、私はホッと胸を撫《な》で下ろした。

二時間におよぶ会議が終わり、私はパイプ椅子に座って放心していた。

春日先生の後も、館長や智香さん、情報機器担当の図書館員からいくつも質問が飛んできた。けれども、答えることに必死であまり内容をよく覚えていない。

それでも、追加で資料を提出するように言われることはなかったので、なんとか回答できていたような気がする。

ぼんやりと会議室を見渡すと、館長と麻美さんが、私の資料を手に話をしていた。

……そこで、私はハッとする。

「あれ……春日先生は!?」

私が声を出すと、

「いま、智香さんが、玄関までお送りしに行ったところだけど」と、麻美さんの返事があった。

私は慌てて、プレゼン用パソコンと、その脇にあった一枚のディスクを手に取り、会議室を飛び出した。

階段を駆け下りる。

途中で利用者の方とぶつかりそうになって、「すみません！」と声をかけ、またすぐに駆け出す。

玄関にはちょうどタクシーが横付けされていて、ドアのところで春日先生と智香さんが立ち話をしている。

……間に合った！

「春日先生！」

私は声を上ずらせて、「本日は、ありがとうございました」と、息を切らしながら、深々と頭を下げた。

春日先生と智香さんは、私の勢いに驚いたらしく、目を瞬かせている。しばらくしてようやく、「今日のプレゼン、とても面白く聞かせてもらいました」と、春日先生が表情を綻ばせた。

「もう予算は議会に出てしまっているので、来週の文教委員会に間に合わせないといけないと思いまして」

「気が付いていましたか」

「ええ……さすがに」

私は苦笑した。

館長から最初に読書バリアフリー法についての話が会議に出されたあと、私は十二月の定例議会に提出される来年度の図書館に関する予算資料を眺めていた。すると、私たちが作った概算要求の予算よりも、会計年度任用職員を雇用するための人件費と資料整備のための金額が、合わせて四百万円ほど大きくなっていたのだ。

驚いて館長に確認したところ、読書バリアフリー法関連予算を増額しておくように春日先生から指示があって館長が書き換え、月末の会議で経緯を話すつもりだったという。

「私たちに何の報告もなかったので、また山下司書が館長に激怒するだろうなあ……と」

私の言葉に、春日先生は愉快そうに笑った。

「彼女が下諏訪君にやたら厳しいというのは、市役所でも評判ですからね」

その表情を見届けてから、私は、手にしていた一枚のディスクを差し向ける。

「それから、これは山下司書と私から、春日先生に御礼です」

「なんですか？」

「ちょっと、再生してみますね」

私は小脇に抱えていたプレゼン用のパソコンにディスクを差し込んだ。

しばらくすると、動画アプリが立ち上がる。

そこに映っているのは、学校の教室。麻美さんがデジタル化してきた映像の続きだ。

およそ五十年前の、味岡総合高校。

二十代くらいの、若くて背の高い男性教師が、黒板の前に立っている。

朗読をした生徒が宮沢賢治「永訣の朝」について話した内容に、コメントをしている。

生徒たちはまっすぐな目でその男性教師をみつめ、ときどき紙の上に視線を落として、鉛筆を走らせている。

「この若い男性教師は、一九七二年四月一日に、味岡総合高校に着任しています。大学を卒業して、最初の勤務校でした」

私が言うと、

「どうしてわかりましたか？」と、春日先生は穏やかな表情で訊ねた。

「簡単なレファレンス調査です。うちの県では毎年三月の終わりに、学校の先生の人事異動が地元の新聞で発表になりますから。一九七二年三月末のものにあたって、新任の教員とその配属先を調べました」

「……なるほど」

「この方の名前は、春日幸男《かすがゆきお》先生。二十二歳だったときの、春日先生に間違いないですね？」

「ええ、間違いありません。よくわかりましたね」

「最初に新田司書が、書庫の奥にある部屋で大量のフィルムをみつけてきたとき、この資料があることを教えて頂いたと言っていましたから。下諏訪館長や花崎司書、山下司書がこの資料の存在を知らなかったということは、何らかの形でこの資料に関わっていたり、資料の所在を知っている人が別にいるはずです」

「それが、私だと？」

「新田司書は入職したばかりで、まだ春日先生のお顔を存じ上げなかったようですので。たいへん失礼しました」

私が頭を下げると、

「いや、それは別に構いませんよ」と、春日先生は悪戯《いたずら》っぽく笑った。

もしかしたら、そのことを知っていた上で、あえて裕美にフィルムの所蔵について教えたのかもしれない。そんな疑念すら湧いてくる。

春日先生はしばらくのあいだ、どこか遠くを見るような目で映像を眺めていた。

ようやくその映像が終わりに差しかかった頃、

「ありがとう。……それにしても、この頃の私はまだ、授業が下手くそですね」と、少しだけ照れ臭そうに目を伏せた。

けれども、穏やかな顔で私と智香さんとを交互に見ると、ゆっくりと口を開いた。

「私はね、図書館司書の仕事を機械に任せることができるなら、できる限りそうするべきだと思っているんです。本の貸し出しは自動貸出機を使えばいいし、簡単な調査なら人工知能でもできるようになるかもしれない。どんどんやればいいんですよ。……そのおかげで、司書は別の仕事をすることができる。より複雑なレファレンス調査や、市民の交流会の司会《ファシリテーター》、情報のコーディネート。人と人、人と情報とをつなぐ専門職としての司書の役割を果たすことに、もっと多くの時間が割けるようになると思うんです」

こういう考えだからこそ、春日先生は、今回の読書バリアフリー法の成立を、ひとつのきっかけにしたかったのだろう。

学校図書館との連携や、イベントの企画と司会、データベースの企画と情報の入力。司書に求められる仕事は、時代とともに変化している。今はちょうど、その過渡期なのだ。

最後に、春日先生は言った。

「だからね、司書が人工知能に置き換えられるだなんて、そう簡単に言わせませんよ」

そう言ってニヤリと笑うと、颯爽《さっそう》とタクシーに乗り込み、春日先生は図書館をあとにした。

「フィルムももともとは春日先生が撮影したものだったし、地域連携事業のことも、春日先生が双葉にレファレンス相談をもちかけてきたから気が付いたんでしょ？　……そう考えると、なんだか私たち、春日先生の手のひらの上でコロコロ転がされていたって感じよね」

事務室に戻ると、麻美さんが椅子に腰掛けて、大きく体を伸ばしながら言った。

「別に、いいんじゃないですか？」

私の返事に、麻美さんは頬を膨らませる。

「ちょっとシャクじゃない？」

こういうところは、ちょっと子どもっぽい。

「おかげで来年度は予算と人が増えそうですし、市立図書館としての役割を新しく担うことができるから、問題ないです」

「双葉って、そういうところけっこう図太いよね」

「図太いかどうかはわかりませんが……」

麻美さんの言葉に苦笑しながら、私はパソコンから取り出したディスクを眺めていた。

麻美さんがデジタル化のお金を出したのなら、これを受け取ってしまうと贈収賄になるかもしれない。そう言って、春日先生はこのディスクを図書館に所蔵するよう、私に差し戻したのだった。

こういうところは、いかにも春日先生らしい。

それでも、

——今回の稲嶺司書の対応、とてもいいレファでした。プレゼンもしっかりできているし、高校生のボランティア希望にも応えている。花崎司書から聞いていたとおりだ。あなたが司書として市立図書館にいることを、私は誇りに思います。

タクシーに乗る直前に春日先生から言われたひと言を思い出して、私は胸の奥が温かくなる気がした。

「……どうしたの、ニヤニヤして？」

麻美さんが、眉をひそめて私を見る。

「いえ、なんでもないです」

私が慌てて返事をした直後、デスクにあるパソコンがポーンと音を立てた。

メールが届いたらしい。

……なんだろう。

開いてみると、差出人は春日先生だった。どうやら、移動中にタブレットＰＣのアドレスから送ってきたようだ。

――そういえば、さっき話し忘れたんですが、せっかく読書バリアフリー法対策予算が付くので、それに合わせて、身体に不自由な人が来館したばあいの現状の対応について、報告書をまとめておいて下さい。良いクリスマスが迎えられるよう、三日以内にお願いします。

「……はあっ、三日!?」

私は思わず、声をあげた。

その声に驚いたらしく、麻美さんが向かいの席でビクッと肩を動かしている。

春日先生は、一筋縄ではいかない。

私は自分のデスクに肘を突いて頭を抱えながら、市役所の人から言われたひと言を思い出していた。

コラム◎図書館とデータベース

図書館のデータベースには、図書館が作成した無料データベースと、図書館がデータベース提供事業者に使用料を支払う有料データベースの二種類があります。

本文中では主に前者のデータベースが採り上げられていました。図書館が所蔵している地域資料等をデジタル化する事業は盛んに行われおり、「図書館振興財団」もそのような事業に対する助成を行っています。著作物には著作権がありますので、基本的に著作権の切れた古い資料を利用しますが、著作権者が分からないものを掲載し情報を募ったりすることもあります。

資料をデジタル化すれば原本を傷めることなく提供できますし、サイトに載せれば世界中からアクセスすることが可能です。ですが、デジタル技術は頻繁に規格やフォーマットなどが変わるため、図書館単体で対応するのが難しい場合もあります。このため、例えばTRC（図書館流通センター）では「ADEAC（https://trc-adeac.trc.co.jp/）」という、図書館向けのデジタル資料を公開するためのプラットフォームを提供しています。

後者の有料のデータベースについても、導入する図書館が増えてきました。大学図書館はもちろん、都道府県や政令指定都市などの大規模な図書館のほか、新しく建てられた公共図書館にもかなり導入されているのではないかと思います。大学と公共図書館では、同じ提供元のデータベースでも提供情報の範囲に違いがある場合もあります。両方使える方は、比べてみると面白いかもしれません。

新聞記事や官報など、図書館向けにさまざまなデータベースが提供されています。情報を検索するのに便利ですし、端末以外は場所も取りません。利用によって元の古い媒体を物理的に傷めることもありません。

ただ、有料データベースは本とは違い、買い切りではありません。本はいちど購入すれば常に図書館のものですが、データベースは基本的に一年ごとの契約で利用できるようになっています。ですから、図書館の都合（費用に比べて利用が少ないなど）で契約が切れたり、データベース事業者の都合（個人契約のみにして図書館への提供を終了するなど）でなくなったりします。いつまでもあると思うな有料データベース。久しぶりに使うという場合は、念のため事前に確認した方が良いかもしれません。

コラム◎読書バリアフリー法

読書バリアフリー法というのは通称で、正式には「視覚障害者等の読書環境の整備の推進に関する法律」といいます。この法律ができる以前にも、視覚障害の方への点字図書の郵送貸出は無料になるなどの仕組みはありました。しかし技術の発展で新しい媒体が増えていること、発達障害などさまざまな「読書に対する困難」が明らかになってきたことなどを受け、二〇一九年六月にこの新しい法律ができました。より広い範囲にスムーズに読書できる環境を提供するために、国や地方公共団体の責務を定めています。

特にデジタルデータの提供で有名なのは「サピエ（https://www.sapie.or.jp/cgi-bin/CN1WWW)」というサイトでしょうか。日本点字図書館がシステムを管理、全国視覚障碍者情報提供施設協会が運営しており、「サピエ図書館」という日本最大の書誌データベースがあります。

視覚だけでなく、読字などさまざまな困難をかかえる方が、個人で登録、無料で利用することができます（図書館が組織として登録する場合は有料）。点字データや、ＤＡＩＳＹ（デイジー）と呼ばれる専用ソフトに対応したデータをダウンロードすることが可能です。

また、登録した図書館では、ＤＡＩＳＹデータを作ってサピエに提供したり、逆にサピエにあるＤＡＩＳＹデータをダウンロードして利用者に貸出したりすることができます。

※ＤＡＩＳＹとは、Digital Accessible Information SYstem の略です。この形式で作られたデータは、専用の機器もしくはパソコンにダウンロードした無料ソフトで、読み上げる音声を聴いたり、文字を拡大したりすることができます。詳しくは日本障害者リハビリテーション協会の情報センター内、ＤＡＩＳＹ研究センターのサイト（https://www.dinf.ne.jp/doc/daisy/index.html）をご覧ください。

コラム◎図書館とゲーム

このところ、図書館界では電源を必要としない「ボードゲーム」や「ＴＲＰＧ」がちょっとしたブームになっています。いえ、ブームは図書館だけではないかもしれません。書店で販売するところも増えていますね。実際に遊べる「ボードゲームカフェ」などもあります。いわゆる将棋や囲碁、オセロやトランプなどの古典的なゲームの他にも、さまざまなボードゲームがあり、二〇一九年十一月からは、ＴＲＣ（https://www.trc.co.jp/information/191115_boardgame.html）での取り扱いが始まりましたので、図書館としても以前よりは購入しやすくなっています。とはいえパーツが多いうえに細かいので、「館内のみ」あるいは「イベント時のみ」の利用とし、貸出をしている図書館はまだそれほど多くはないようです。

「現在利用が少ない中高生への新しいアプローチができること」「ボードゲームを通じて様々な世代が自然に交流できること」など、さまざまな理由からボードゲームは注目されていますが、数種類のゲームが体験できるイベントを図書館の職員だけで運営するのは難しいため、学生と共同で運営するなどどこの館でも工夫しているようです。カレントアウェアネス・ポータル（https://current.ndl.go.jp/）で「ゲーム」と検索すると、多くの記事がヒットします。記事は「図書館サービス」「ヤングアダルト」などのテーマで絞り込めますので、興味のあるジャンルを見てみると楽しめると思います。

図書館で開催されたボードゲームイベントの様子（画像提供：鈴鹿市立図書館）

なお、海外ではボードゲームだけでなく、電源が必要なゲーム機を使ったゲームも図書館で提供しているところがあるのですが、日本ではなかなか聞きません。国立国会図書館にはゲームソフトも収集されているのですが、残念ながら実際にプレイすることはできない状態となっています。図書館、美術館、博物館などの従来のコレクションには、ゲーム関連のものは少ないといって良いでしょう。そのため、立命館大学ゲーム研究センターのオンライン目録「RCGS Collection 試作版」、日本ゲームシナリオライター協会の「ゲームシナリオアーカイブ」など、国立国会図書館以外にゲームに関する保存活動をしている組織が複数あります。

少し古いですが二〇一六年における図書館とゲームの動向をまとめた記事が「カレントアウェアネス（https://current.ndl.go.jp/ca1888)」に掲載されています。こちらもあわせてご覧いただくと、分かりやすいのではないかと思います。

コラム◎図書館と地域連携事業

本文では学校にとっての地域連携について述べられていましたが、図書館から見ると、地域にある学校や大学、住民の皆さんとの協同をまとめて「地域連携事業」と呼ぶことができるのではないかと思います。たとえば児童や生徒たちのおすすめの本を図書館だよりで紹介する、図書館で展示するといった事業は、多くの図書館で行われているでしょう。職場体験やインターンシップなどで生徒や学生を図書館に受け入れることも多いです。また、地域の方をイベントの講師としてお招きするだけでなく、地域の方に図書館という場を提供し、市民団体のプロモーションや実演を支援することもあります。読み聞かせをするボランティアの方は多いですが、他にも本を棚に戻すだけでなく、掃除したり修理をしたりといった活動をしていることもあります。こうした事業も広い意味では地域連携と呼べるのではないでしょうか。

特に近年は、政府や文部科学省の主導で、こうした学校と地域との連携が重要視されるようになってきました。大学では、平成二十五年度に始まった「地（知）の拠点整備事業」が平成二十七年度からは「地（知）の拠点大学による地方創生推進事業（ＣＯＣ＋）」と名称を改めて、地方の大学と自治体、企業やＮＰＯ、民間団体などが協同して地域の産業を生み出す人材を育成することが進められています。高等学校でも、平成三十年三月に公示されたあたらしい学習指導要領を受けて、「地域との協同による高等学校教育改革の推進」が文部科学省から示されました。

そうした政府の動きに合わせて、全国の自治体にある公共図書館でも、大学生や高校生だけでなく、小中学生も含めて学生、生徒が参加する形でのさまざまな取り組みが行われています。

たとえば岩手県花巻市では、小・中・高のクラブ活動の一貫として、市内の図書館で多くの企画を進めています。小学生から高校生までを対象に「こども読書くらぶ」を設置して図書館での調べ学習を行ったり、ボランティア団体を巻き込んだ読み聞かせ等の読書活動が推進されたりなど、平成二十九年からは「第三次花巻市子ども読書活動推進計画」として事業が進められています。

また、兵庫県伊丹市では、平成二十四年に現在の図書館に移転・新築して以降、毎月第一水曜日の夕方から「ことば蔵交流フロア」を設置して、誰もが自由に参加して交流ができるイベントを、生徒・学生を含めた参加者が自由な会議で決めていくという取り組みをおこなっています。二〇二〇年現在、運営会議はすでに通算一〇〇回に迫っているそうです。

これらの詳細は、文部科学省のホームページにある「図書館実践事例集　~人・まち・社会を育む情報拠点を目指して~（URL：https://www.mext.go.jp/a_menu/shougai/tosho/jirei/index.htm）」にもまとめられているので、ぜひ参照してみてください。

第3章 本と人とが出会う場所

年末年始の図書館は、とても忙しい。

味岡市では市の条例で、十二月三十一日から一月三日まで、四日間だけ図書館を休館することになっている。そのかわりにこの時期は、図書の貸出期間が、ふだんの二週間から四週間に延長される。だから貸出点数が多くなって、図書館運営センターの人たちはその処理につきっきりになってしまう。私たちはそれをサポートするために、いつもはセンターの委託スタッフに任せているようなレファレンスでも引き受けている。

そして、もう一つ。

年末年始最大の敵は、大掃除だ。（↓コラム◎寄贈図書、二〇一頁）

そうはいっても、図書館の大掃除は、十一月にあった特別整理期間の最後に済ませてしまっている。問題は……。

「今年もまた、ずいぶんと集まったねえ」

事務室には入りきらず、入口のところに文字通り山のようになった本を眺めながら、私は腕組みをして苦笑した。

これはすべて、市民から寄贈された本だ。

年末には、それぞれの家庭で大掃除が行われる。そのときに出てきたいらなくなった本が、こうして図書館に大量に持ち込まれる。

ひどいときは、二t《トン》トラックいっぱいに積まれた段ボール箱の中に、びっしりと本が入っている

 こともある。年末年始は、搬入口にトラックが横付けされるだけで、私たちの背筋が凍る。

「……これ、どうするんですか？」

裕美が本の山を見上げながら、漏らすように声を出した。

「一冊ずつ、うちの館に所蔵がないかどうかチェックするんだよ」

私は、乾いた笑いを浮かべながら答えた。

「自力で⁉」

「まず実用書は、古いともう使えないことが多いから、基本的にはそのまま廃棄。文芸書とかで年数が経っている本は、うちの図書館になくても近くの図書館が持っていたら廃棄できることになってるから、蔵書検索で調べてね。全集とか、大型本、研究書は同じルールで。あと、新しい本は、うちに所蔵がなければ受け入れ……っていう感じかな。判断ができなかったら、智香さんか麻美さん、私に相談して」

新刊の本を購入する場合には、図書館運営センターで装備や書誌データの入力まで終わらせてくれている。だから、提供されたデータがうちの館の分類に合っているかどうかをチェックしたり、検索しやすいように件名を書き加えたりすれば、比較的簡単に受け入れることができる。

けれどもこうして寄贈された本の処理は、司書がすべて自分たちでやらなくてはいけない。

所蔵状況から判断をして受け入れを決めたら、図書館運営センターのデータベースからデータをダウンロードしてＯＰＡＣに登録した上でチェック、修正。本にブックカバーやラベル、バーコードの装備をして、排架する。それらをすべて、手作業でやることになる。

「うちの館は、書架の余裕がもうほとんどないからさ。ある程度廃棄していかないと、受け入れきれないんだよ」

私はそう言って、ため息を吐いた。本当は、寄贈された本を、できるだけ多く受け入れたいのだ。だからといって、書架の数は決まっている。

「五十五万冊くらいが上限でしたっけ？」

裕美は、確認をするように訊ねた。

「都市部周辺の住宅地にある館としては、中規模くらいかな。でも、そろそろ蔵書数が限界だから、こういう本を頂いても困っちゃうんだよね」

「……すみません。私、今まで、『おじいちゃんが亡くなったんだけど、持ってた本どうしよう？』って、相談されたら、図書館に持っていけば良いよって答えてました！」

裕美は、今にも泣き出しそうな声を出した。

「まあ、善意で頂いているわけだし、それはそれで嬉しいのもたしかだから」

「そうなんです……？」

「大丈夫。だいたい七割くらいは、パッと見ただけで廃棄できるってわかるよ」

そういえば裕美は、ずっと図書館運営センターの委託スタッフとして働いていた。だから、こういう受け入れ作業をやるのは初めてなのだ。

こうしてできる本の山を片付けるのが、うちの図書館で司書が年のはじめにやる仕事。そうはいっても日常の業務は、いつもと変わらず次々に押し寄せてくる。だからどうしても、こうした本の処理は仕事の合間に少しずつ進めることになる。

去年の経験だと、だいたい春頃まで。

ちょうど冬が終わり、雪国の雪が解《と》けて地面が見えるようになるのと同じくらいの時期に、うちの図書館では年末に寄贈された本の処理が終わって、ようやく事務室前にある廊下の床が見えるようになりはじめる。

「二月半ばくらいには、雪解《ゆきど》けならぬ本退《ほんど》け、って感じかな」

私が笑いながら言うと、

「それ、シャレになってませんよ……」と、裕美はがっくり肩を落とした。

「しかも、年度末も引っ越し、職場を定年退職した方が本を寄贈したがるから、それまでに終わらせないと地獄が待ってる！」

「ひぃぃぃっ……!!」

それでも去年は、この作業が二月のはじめには終わっていたのだ。けれども私があえて二月半ばと言ったことには、理由があった。

山になった本を脇目に、私は事務室のほうに足を向ける。

私たちのデスクが並んでいる島のいちばん奥の席では、まだ智香さんがパソコンに向かって仕事をしていた。

壁に掛けられた時計は、午後六時を指している。智香さんは、この日は早番の鍵開け当番だった。八時半に出勤をして、本来なら五時には退勤をしているはずだ。

年度末近くなので残業代に使える予算もかなり減ってきている。どうしてもサービス残業になるから、本来であればできれるだけ定時に近い時間で帰りたい時期になる。

それなのに智香さんは、このところ連日のようにこうして残業をしている。しかも一時間や二時間ではなく、閉館をしてもまだ作業を続けていることが多いらしい。

こういう状態なので、山のように積まれた本の受け入れ作業に智香さんが関わることは、ほとんど不可能なように思えた。正直なところ、年始の時期に智香さんが別の仕事につきっきりになっているのは、私たちにとってかなりの痛手だ。

「智香さん、このところずっと忙しそうですけど……大丈夫ですか？」

私は、智香さんに声をかけた。

「えっ？　ええ」

智香さんは私の存在にようやく気が付いたといった様子で、驚いたようにピクリと眉を動かした。目の周りには、だいぶ疲労の色が浮かんでいるように見える。

「あんまり、無理しないで下さいね」

「平気よ。三月にある展示企画の準備だもの。こういうお仕事は、楽しいから」

これと同じセリフを、私は二日くらい前にも聞いていた。

そのときは麻美さんもこの事務室にいて、智香さんが部屋から出ていったとき、しきりに首を傾げていた。

――智香さんが展示の準備でこんなに時間をとるなんて……ちょっとおかしくない？

たしかに、麻美さんが言っていたとおりだ。

いつもの智香さんは、事務仕事も司書の仕事も、基本的にはとても早い。

事務室に積まれていた受け入れ前の本が、一晩経って翌日に出勤したら智香さんが作業を終えてなくなってしまっていたり、私がちょっと閲覧室で仕事をしているうちに事務書類が片付いていたりする。しかもその仕事は、誰がやるよりも正確なのだ。

半年くらい前に智香さんが展示企画を担当したときは、会議で担当が決まってから二週間後くらいに進捗を聞いてみたら、もう準備は終わったと答えていた。

……それなのに、今回はあまりにも時間がかかりすぎている。

「もし大変だったら、声をかけて下さいね。いつでもお手伝いしますから」

私が言うと、智香さんはどこかホッとしたように微笑んだ。けれども、

「ありがとう。でも、この仕事はもうちょっと、私のほうでなんとかしたいの」と、ふたたびパソコンの画面に視線を落とすのだった。

「……智香さんが、欠勤？」

二日後。この日遅番だった麻美さんは、出勤時間になっている十四時より少し早出をして正午くらいに出勤するなり、私に向かって声を張り上げた。

「腰を痛めて寝込んだんだそうです。今朝電話があったんで、有給の書類をお願いしました」

「珍しいよね。さすがに疲れが出たのかなあ」

考えてみると、私が入職してから、こういう形で智香さんが欠勤したことは今までになかった気がする。

「このところ、智香さんずっと働きづめでしたもん」

私はこのあいだの智香さんの様子を思い浮かべながら、ぼんやりと呟くように口に出した。

「智香さんって、一人暮らしだったっけ？」

「たしかそうだったと思いますが……」

「そういえば私たち、智香さんのふだんのことってあまり知らないよね」

言われてみれば、麻美さんの言うとおりだった。

私と麻美さんは、ときどき休日を合わせて一緒に出かけている。出かけるといっても、他の図書館に視察に行く機会に使っているのだけれど。そういうときは麻美さんと、いろいろな話をする。

けれども智香さんとは、今までなかなかそういう機会がなかった。

もちろん、職場での関係はうまくいっていると思うのだけれど、あまりプライベートなことについては話をしていない。

考えてみれば、私と麻美さんの関係が珍しいのかもしれない。他の図書館員の人たちとは、いつも職場で仕事上の話をしているだけだ。社会人になるっていうのは、そういうことなのかもしれない。

それでも、司書をしているとたしかに、私たちみたいに休みの日に他の館を回っている同業者は少なくない。そうして他館を回ることで、司書どうしで情報交換をしたり、図書館の構造や閲覧室の座席を見せてもらったり、時にはレファレンスや館の運営、企画についての勉強会を開いたりしている。麻美さんは、こうして勉強することも、司書にとっては大切な仕事の一つだと言っている。

もちろん、司書にとっての勉強はそれだけではない。

たとえば児童書とＹＡサービスが担当の麻美さんであれば、児童書の新刊についての情報や、中高生のあいだでどういう本が読まれているのか、どういうことが流行しているのかを、こまめに調べている。智香さんも、麻美さんや私とは違うところで勉強をしている。

「……ちょっと、智香さんの様子を見てこようかな」

私はふと、頭に浮かんだ言葉をそのまま口に出した。

「あれ？　双葉って、智香さんの家に行ったことあった？」

「ないですけど」

「どうしたの、急に？」

「いえ、なんとなく」

「何よ、それ？」

私の返事を聞いて、麻美さんは不思議そうに眉根を寄せた。

「麻美さんはありますか？」

「そういえば、私もないかな。智香さんのプライベートって、そういえば謎に包まれてるよね。ちょっとしたミステリー？」

「それはさすがに、智香さんに失礼では……」

「でも、気にならない？　智香さんっていつも可愛い服着てるし、ものすごく本を読んでるし。どんな生活してるのか、って」

良く言えば、好奇心というのだろうか。悪く言えば野次馬根性とでもいうようなときが、麻美さんにはときどきある。何か気になったことがあると、それを解決しないと気が済まないらしい。

「本当は私も一緒に行きたいんだけど、今日は鍵閉め当番だからさ。双葉、行ってみたら、報告してよね」

麻美さんはそう言いながら財布を取り出して、私に千円札を三枚差し向けた。途中でお見舞いの品を買っていくようにとのことだった。

智香さんの自宅は、図書館から歩いて五分くらいのところにある、七階建てマンションの一室だった。一階のガラス戸を潜るともう一つ自動ドアがあって、オートロックになっているようだ。

スマートフォンでこれから行きますというメッセージをあらかじめ送っておいたのだけれど、自動ドアの前でいざ部屋番号と呼出ボタンを押そうとしたとき、私はゴクリと息を飲んだ。毎日のように顔を合わせているのに、自宅を訪ねるとなると妙に緊張する。それに加えて、もしかしたら迷惑だったかもしれないという申し訳なさが、今ごろになって湧き上がってきた。

それで、

――はい、花崎です。

インターフォンのスピーカー越しに智香さんの声が聞こえてきたとき、

「すみません。稲嶺ですが……」と、畏まって話す私の声は、無意識のうちに裏返ってしまっていた。

――あ、双葉ちゃん。今、開けるわね。

智香さんの声が聞こえて、自動ドアが開く。中に入るとすぐ左手にエレベーターがあって、私はそのボタンを押した。

智香さんの部屋は、五〇二号室らしい。エレベーターで五階まで昇る時間が、変に長く感じられた。

各階に三部屋しかないらしく、五階に着くとすぐ左手に智香さんの部屋がある。

私はもう一度ゴクリと息を飲み込んで、ドアの脇にある呼び鈴を押した。

ガチャリ、鍵が開く音がする。

中から顔だけを覗かせるようにして、智香さんが出てきた。

ふわふわした白いワンピースの上に、淡いピンクのセーターを重ねているのが、ドアの下のほうから少しだけ見える。部屋着だろうか。

私は自分の部屋にいるとき、スウェットみたいなラフな格好でいることが多い。だから、自室でもきちんとしているあたりはさすが智香さんだと、私は内心で感嘆していた。

けれども、

「わざわざ来てくれて、ありがとう。ちょっと部屋が散らかっているから、申し訳ないんだけれど」

そう言った直後、部屋の奥でドサドサっと何かが崩れる音がして、智香さんが小さな悲鳴をあげた。

「大丈夫ですか⁉」

私はとっさに声をあげる。

「ええ、ごめんなさい。平気よ。ちょっと、部屋が『まくつ』なだけだから」

まくつ？　言葉を聞いた瞬間、私は頭の中でそれを漢字に変換することができなかった。智香さんのふだんの様子からは、ぜんぜん連想できない言葉だったのだ。

ドアを開いた瞬間、私はそれが『魔窟』という言葉だったと理解した。

ドアの奥は薄暗い。それは、部屋の中どころか、廊下や玄関にまで大量に積まれた本によって、窓から入ってくるはずの光が遮られているからだった。

さっきのドサドサっという音は、玄関に積み上げられていた本が崩れた音だったらしい。積まれた本と本とのあいだにほんのわずかなスペースがあって、そこに靴がぴったりとはまり込むようにして置かれている。廊下も、片方の壁に沿って本が積まれているために、トイレのドアが完全には開かない状態になっている。

本のあいだを縫うようにして１ＤＫらしい部屋の中に入ると、壁伝いどころか、部屋の中央にも本棚がいくつも置かれていた。くねくねと迷路のような形が作られている。

本棚と本棚のあいだの通路になっているところの床に積まれている本を踏まないようにしながら、なんとかそのあいだを通り抜ける。

すると窓際のところがようやくＴ字路になっていて、ベッドルームに向かう通路と、キッチンに向かう通路とが、左右に開けていた。ここは日当たりが良いので、本を置きたくないらしい。

ベッドルームのほうをチラリと見ると、床どころかベッドの上にまで、大量の本が積まれていた。本の中に埋もれるようにして、ギリギリ寝るスペースがあるという感じだ。

整理されていない、というわけではない。あまりにも本の量が多すぎて、もはや部屋が収容できる冊数をはるかに超えてしまっているという状態。住んでいる部屋に本が置かれているというよりも、本のためにある部屋の中に、人間が潜り込んでいるという感じだった。

「この部屋にお客さまが来るってことは考えてなかったし、ちょっと本の量が多いから、ゆっくりできる場所がないんだけど……ベッドの上とかでもいいかな？」

申し訳なさそうに上目遣いで言った智香さんに、

――これ、ちょっとなんていう冊数じゃないですよね⁉

と、口にしたくなるのを、私はグッと堪えた。

私たちは結局、ベッドの上に正座をして向かい合って座るという、奇妙な状態になった。ベッドに寝転がったときに足下に当たる方向にクローゼットがあって、智香さんがいつも着ている服がハンガーに掛けられた状態で並んでいる。そこだけが、いつもの智香さんを感じさせる空間だった。

「全部自分で買ったというわけじゃないのよ。父からもらって、ここに置いてある本もけっこうあるんだから」

智香さんは、私が訊《き》いてもいないのに、まるで言い訳でもするかのように説明した。どうやら、国語教師だった父親が高校で司書教諭として学校図書館の運営にも携わっていたそうで、実家にも収まりきらないほどの本があるらしい。

私は智香さんの蔵書について話を聞きながら、他愛のない話をした。そして腰の状態を訊いたところ、整形外科に行ったら、四、五日で復帰できるもののしばらくは重い荷物は持たないように言われたという。

「腰は司書の職業病みたいなものよ。座っている時間が長いし、重い荷物を運ぶことも多いから、双葉ちゃんも気を付けてね」

智香さんは苦笑しながら言った。口にしながら、司書をしている限りはどんなに気を付けても腰の怪我からは逃れられないということを、重々承知しているのだろう。

「でも……これから智香さんが三、四日お休みだとすると、今進めている展示の準備、スケジュール的に少し厳しくないですか？」

私が声をかけると、智香さんはじっと考え込んだ。

「正直、ちょっと厳しいと思う。だから、申し訳ないんだけれど……麻美ちゃんと双葉ちゃんに、お手伝いをお願いしようかしら」

「もちろんです！」

「でも、一つだけ条件があるの」

「条件、ですか？」

私が問い返すと、智香さんは神妙な面持ちで頷いた。

「年末に寄贈された本の中に、守山《もりやま》さんという方から郵送で届いたものがあるでしょう？　それの整理もしてほしいの」

私には、智香さんがなぜそんなことを言ったのかわからなかった。今話していたのは、寄贈図書についてではなく、春の展示についてのことだったはずだ。

けれども、智香さんは続けた。

「ちょっと大変だと思うけど、できればあの本は、他の館に寄贈したり、廃棄したりしないで、全部まとめて受け入れてくれないかな」

＊　＊　＊

翌日。私は出勤するなり、事務室の前に積まれた本たちをひっくり返した。

うちの図書館では、本を寄贈して頂くときに、本を縛るビニールの紐を七色のうちから指定して、その色の紐で縛ってもらうようにしている。

段ボール箱に入ったままだと嵩《かさ》張って本を置いておく場所が埋まってしまうから、すぐに箱から出さなければいけない。だからといって、そのときに細かく本をわけておく時間の余裕もない。それで、寄贈されたときに寄贈者の名前を書いた紙を本の山に挟み込んで、同じ色の紐が隣り合わないように積んでいけば、それだけで誰の寄贈図書なのかが見わけられる。

智香さんから受け入れを頼まれた本は、積まれた山のいちばん下のほうにあった。おそらく本の寄贈が増える前、比較的早い時期に持ち込まれたものなのだろう。

本の山が混ざらないように、黄色い紐で縛られた本を慎重に取り出していく。

他の館に寄贈したり、廃棄したりしないで、全部まとめて受け入れてほしい。智香さんはそう言った。だからきっと貴重書が多く含まれているのだろうと思って紐を解いた私は、床に積み上げた本の前にしゃがみこんだまま、じっと考え込んだ。

たしかに、寄贈された本には、だいぶ古いものが混ざっているようだ。

そうはいっても、大正から昭和初期にかけて出版されたもの。

あえて言うなら、この時期の本は本文の紙に酸性紙が使われていることが多い。印刷したときにインクの滲《にじ》みが出ないようにするための定着剤として、製紙の過程で硫酸アルミニウムを使って作られたもののことだ。こうした酸性紙は劣化が早いので、できることなら脱酸処理をしてから受け入れる必要がある。

けれども、積み上げた本のタイトルを見て、私は首を傾げた。

念のため、十五冊ぐらいを事務室に持ち込んで、蔵書検索システムで調べてみる。すると予想通り、周辺の図書館に所蔵されていたり、味岡市立図書館にすでに所蔵があったりする本がかなり多かった。

味岡市資料収集・蔵書管理等基本方針では、「タイトル・判型等が同一の蔵書が複数書架にある蔵書」は、除籍対象となっている。こうした本が寄贈されたら、基本的にはそのまま廃棄することになる。

そのことを、事務室で麻美さんに話したところ、

「原則通り、処分してもいいんじゃない？」と、首を傾げた。

「智香さんも策定に関わっていますから、あの方針を知らないはずはないんですよね……」

「だって双葉、イベントの企画もあるでしょう？　これから仕事を増やすのは、ちょっとキツいと思う」

麻美さんは眉根を寄せた。

私の企画とは、少し前に相談していた、イベントの来場者に司書の仕事について説明するというものだ。智香さんが準備を進めている展示企画の期間中に、丸一日、視聴覚室でやることになった。内容は、司書のお仕事を紹介するだけでは物足りないということで、市役所のいろいろな部署の人や、その他一般企業で働いている人たちを十人集めて、自分がどんな内容の業務をしているのかについて順番に話してもらうというものになった。中高生や大学生が入ってくれれば、キャリア教育の

一環になるかもしれない。

「何か理由でもあるのかな？」

麻美さんが本を覗き込みながら、ひとり言のように言った。

「……どうでしょう。昨日、智香さんの部屋に行ったときには、特に何も言っていなかったです」

「前にやった勝川先生の蔵書みたいに、研究者が集めていた貴重書を大学図書館が受け入れるならわかるけれどね。今回は、一般の方からの寄贈でしょ？　たしかに少し古い本もあるみたいだけれど、公共図書館の書庫にこういう本を全部受け入れている余裕はないし、うちだって書庫はパンパンじゃない」

私は顔をしかめながら、「念のため早めにリストを作ってみます」と、返事をした。

すぐに電話をして、智香さんにもう一度確認してみても良いのだ。

けれども、私はそれをしなかった。

智香さんが何の理由もなく、今回のような指示を出すはずがない。必ず、何かあるはずだ。

それに、私に直接説明しなかったということは、もしかしたら自分で考えるようにということなのかもしれない。司書としての力を、試されているのかもしれない。

そんな気がした。

仕事の合間を縫って、私はその日の午後から本の整理を始めた。

勝川先生の蔵書を整理したときに作ったファイルメーカー（FileMaker）のテンプレートを使って、書名、著者名、出版年、出版社、出版年、縦のサイズ、ページ数、価格、ＩＳＢＮのデータだけをとっていく。その他、寄贈されたレコードも、楽曲名と歌手をリスト化することにした。ＮＤＣ分類や件名標目を考えていると時間がかかってしまうので、後回し。

こうした簡易書誌データでも、まったく中身を確認しないわけにはいかない。フルスピードでやって一時間に十冊くらいを処理するのが限度だ。

黙々と、単調な作業が続く。

こういう仕事は、一人で淡々と続けるよりも、麻美さんや裕美と何か別の相談でもしながら手を動かしたほうが早かったりする。けれども、麻美さんは児童書の部屋につきっきりだし、裕美は交替でとる指定の休日に当たっている。

だから、司書以外の図書館員の人たちが事務作業をするかたわらで、私はただひたすらに手を動かしていた。

五十冊ほどデータをとったところで、窓の外が真っ暗になっていることに気が付いた。

いつのまにか、事務室にいるのは、私だけになっている。そういえば、周りの人たちが「お先に失礼します」と声をかけてきていたのに、ずっと生返事を繰り返していたような記憶がある。

「そろそろ、鍵、閉めるよ」

今日の鍵閉め当番に当たっている麻美さんが、事務室の入口のところから声をかけてきた。

「あっ、すみません。終わらせます」

ハッと顔をあげた瞬間、動かした手に本の山がぶつかって、バタバタと崩れ落ちる。私は思わず悲鳴をあげた。

「そんなに急がなくてもいいけど……」

「すみませんっ！」

意味のない謝罪の言葉を口にしながら机の下に落ちた本を集めていると、麻美さんが近寄ってきて、私が作業に使っているノートパソコンを覗き込んだ。表情を変えずに、画面に視線を走らせている。

「何かわかった？」

「そうですね……少しだけ、智香さんが準備している展示に関係する本はありました」

「展示って、満蒙開拓団のやつ？」

「はい」

智香さんが準備をしている展示企画は、一九三一年から四五年にかけて存在したいわゆる満洲国に入植した人たちについてまとめるものだ。当時、味岡市の周辺地域からも数百人単位で満洲へ移り住む人たちが出ていて、終戦後の引き揚げでは多くの犠牲者が出たらしい。

今回の企画では、その当時の資料や満洲で刊行された本、満洲を訪れた作家のルポルタージュなどを、うちの図書館で所蔵しているものだけでなく、周辺自治体から借りて展示する。それに加えて、写真を拡大してパネルを作ったり、簡単な説明を加えた展示キャプションを作って一緒に並べたりすることになっている。図書館では生涯学習の機会を市民に提供するという目的で、こういう企画展示をすることがある。**（↓コラム◎図書館と生涯学習、二〇二頁）**

寄贈図書のリストを作る作業をする合間に、パソコンの画面に開いた企画書を眺めて、私は呆然としていた。この企画書は、会議で何度も見ているはずだ。けれども、展示内容の大変さをほとんど気に留めないまま、智香さんの説明を流して聞いてしまっていた気がする。

うちの館で展示をするときはだいたい、何かのテーマで選書した本を並べておくくらいだ。それに比べると、智香さんの企画はかなり大がかりなものだと言える。どうりで近頃の智香さんがほとんど毎日夜遅くまで残業をしていたはずだと、私は今さらのように納得していた。

「展示に使える本、どれくらいありそう？」

私がぼんやりと考えを巡らせていると、頭の上から麻美さんの声が響いてきた。

「えっと……今日の午後からデータをとった五十冊くらいの中だと、展示に関わりそうな本は四、五冊くらいですね」

私は、パソコンの脇に積み上げた本の山を崩して、そのうちの二冊を取り出した。

一冊目は、鵜木常次『最新奉天市街案内図』。昭和十四年に刊行された、奉天《ほうてん》市の観光案内図だ。

奉天市は今の瀋陽《しんよう》市のことで、案内図を見る限り、かなり栄えていたらしい。同じ本は国立国会図書館に所蔵があるようだったけれど、他の図書館では持っていない。だから、それなりに珍しい本かもしれない。少なくとも、智香さんが企画している展示には、使えるもののように思えた。

二冊目は、『満鉄調査月評』という南満洲鉄道株式会社が刊行していた雑誌らしい。発行元が、満洲国で満鉄と呼ばれた鉄道を経営していた会社になっている。

珍しい雑誌かと思って調べてみたところ、ＣｉＮｉｉ《サイニィ》ＢＯＯＫＳで九十七件も所蔵がみつかった。おそらく、雑誌のどれかの号が国内のあちらこちらにある大学や研究機関に所蔵されているのだろう。公共図書館で所蔵しているところは少ないようだったけれど、あまり珍しい本ではないのかもしれない。

他にも、旧満洲国で出版された本が数点ある。けれどもそれ以外の本は、かなり雑然と集められたもののように見える。あとは、レコードと文芸書が多めだろうか。

「普通に考えれば、満洲で出版されたような本は、市立大とか県立図書館に受け入れてもらえないか聞いてみるのが筋よね……」

麻美さんも、私と同じことを考えているらしかった。

歴史的な資料は、私たちのような市立図書館ではあまり所蔵していない。市町村の図書館は今の市民が必要とする本を所蔵することが優先されるので、どちらかというと県立図書館や大学図書館のほうが、こういった資料を受け入れることは多い。だからまずは、貴重書になるかもしれない古い本と、比較的新しいとをわける。古い本は他館に預けて判断を委ね、うちではある程度新しい本について、所蔵するか廃棄するかを考える。

貴重書が含まれているような寄贈図書をまとめて受け入れるときは、だいたいの場合、こういうステップを踏むことになる。

「ある程度リスト化できたら、途中でもいいので、智香さんに訊いてみますか？」

私が訊ねると、麻美さんは、

「でも、智香さんは、これをまとめて所蔵するように言ったのよね……」と、呟いた。

麻美さんも、守山さんの蔵書をまとめて所蔵するようにという智香さんの考えに対して、まだ何か引っかかるところがあるのだろう。

しばらくして、麻美さんは真剣な目付きで、さっき積み直した本の山を横から覗き込んだ。

「わかりますか？」

「何か、見落としている気がするのよ。喉元まで出かかっているんだけれど、どうしてもはっきりしないっていうか」

麻美さんは難しい表情で、顎《あご》のところに手を当てて考え込んでいる。

私たちはこの日、結論を見いだすことができないまま、午後十一時近くまで事務室に残ることになった。

智香さんから出された謎が解けないでいるあいだも、私と麻美さんは黙々といつもの仕事に加えて、守山さんの蔵書整理と、展示の準備を進めた。本のリストを作り、展示に使えそうな本の抽出を終えて、県内にある図書館に相互貸借の依頼をかける。

「キャプションにも手を付けたいんだけれど……ダメなのかな」

何度かそうこぼしては、麻美さんは苦笑していた。

智香さんからメールがあって、キャプションは自分が書くから、手を付けなくても大丈夫だというのだ。

とはいえ、展示の開始日は、およそ二週間後に迫っている。麻美さんとしては、できるだけ早く作ってしまいたいのだろう。展示用のボードをそれぞれの大きさに切って、プリントアウトした原稿を貼っていくための時間も必要だ。

それに今回は、キャプションだけでなく、展示品を一覧にしたリストも配ることになっている。

智香さんが戻ってきたとたん、また体調を崩しかねないくらいの仕事が溜まっている。

「智香さんの仕事で、他に私たちが代わりにできることはないんですか？」

私がこの日の自分の仕事を終えて寄贈図書リスト作りの続きをやっていると、裕美が後ろから声をかけてきた。

「うーん……どうかなあ」

ノートパソコンの画面を、切り替えた。このところ私のパソコンでは、智香さんが作った企画書がいつも開いた状態になっている。麻美さんや裕美以外の図書館員からも、同じ質問を何度も受けているのだ。開催の期日も迫っているから、みんな気が気でないのだろう。

下諏訪館長だけは智香さんが戻ってくれば大丈夫だといって、相変わらず館内のどこかで仕事をしている。良く言えば、智香さんを信頼しているということだろうか。

「そこのトラックに積んであるの、展示に使う本ですよね？」

裕美は言いながら、事務室の隅に置かれたブックトラックに視線を送った。

「そうなんだけど、よくわからないんだよね」

「わからない？」

「戦前の満洲で刊行されていた雑誌とか本を、いろいろなところから智香さんが借りたんだけど」

私は立ち上がって、その中から古い雑誌を取り上げた。

『新京図書館月報』というタイトルがある。もともと、満鉄長春《ちょうしゅん》図書館という図書館だったところが、一九三二年に満洲国が成立したときに国都が長春に定められたことで、新京《しんきょう》図書館と名前が改められたらしい。月報ということは、その図書館報だろう。

十三号から七十六号までを富山にある図書館が所蔵していて、智香さんが交渉して借りてきたのだという。

「珍しい雑誌なんですか？」

裕美が、私が手に取ったものとは別の号を手にしながら、声だけを私に向けた。

「図書館報ならけっこう刷っていたと思うし、大学図書館だと複製版を持っているところがけっこうあるみたい」

「それなら、貴重書というほどではないんですね……」

神保町の古書店街

神保町の古書店街、東京古書会館

「神田古書店街」という言葉を聞かれたこともある方も多いと思います。東京の古書店が集まっている場所が「神田」というところにあるのだな、と思ってしまいますが、より正確には「東京都千代田区神田神保町」であり、最寄り駅は「神田」ではなく「神保町」なのです。古書店だけでなく、一般の書店や出版社、そして大学も多くある地域です。戦前から古書店が集まり、有名な場所となっていました。この地域の古書店は、一般的な古書店と違い、それぞれ「専門」を持っているという特徴があります。例えば「日本文学専門の古書店」「美術関係専門の古書店」など、お店によって扱う分野が違っています。公式サイトもありますので、それぞれのお店の紹介を眺めるだけでも楽しいですよ。秋には「神田古本まつり」も開催されています。（BOOK TOWNじんぼう：http://jimbou.info/）

東京古書会館は、東京都古書籍商業協同組合、いわゆる東京古書組合の建物です。曜日別にさまざまな古本の取引が行われています。特に年に一度の「古典籍展観大入札会」「七夕古書大入札会」（https://www.kosho.ne.jp/?page_id=9）の公開日には、一般の人も無料で入場でき、貴重な資料見ることができます。ただし個人では入札はできませんのでご注意ください。

「どうだろう。原本は少ないのかも？」

「明治から昭和にかけての本は、何が貴重なのかわかりにくいです」

「そういうのは図書館というよりも、古書店の世界だからね」

私は、前に一度、麻美さんと東京に行ったときに連れて行ってもらった、神田神保町の古書店街と東京古書会館に並んでいた本を思い出した。

初版本が高いのは、昔の文学研究者が、引用をするときに単行本初版やそれをもとにして作られた全集を使うことが多かったからだそうだ。初版本は誤植も多いし、その後にも改稿されることが少なくない。けれども、雑誌や新聞で発表してからいったん書き換えて、いちおうの定稿としてたものが、初版本だとみなされていたのだという。

それ以外に高いのは、限定版や、珍しい本。それから、状態が良かったり、きちんと箱や帯が残っていたりするもののようだ。

古書の値段は、需要と供給で決まる。だから、古書店を経営している人にはいわゆる目利きがいて、本を見てだいたいの値段を言い当てることができる。

たとえば横光利一が昭和九年に刊行した『時計』の初版本は、箱から本を取り出すと、表紙がアルミ製の板で覆われている。画家の佐野繁次郎がデザインしたらしい。

数が多く残っているのでそれほど高くはないけれど、このアルミ表紙が残っていると四千円、アルミが剝がれてしまって普通のクロス表紙の状態になってしまっていると二千円くらいになるそうだ。

司書の視点から見ると、まずは図書館で所蔵しやすいようにすることと、本が読めるようにすることが重要になる。箱は厚いので書架のスペースをとるし、本の帯や表紙カバーは利用しているあいだにダメになってしまうから捨ててしまう。もしくは、帯だけを捨ててカバーごとブッカーで覆うことになる。本をアルミ板で覆っているなんて、邪魔だとしか思わない人もいるかもしれない。けれども、研究上の価値や、古書としての価値では、逆の考え方がされている。できるだけ元の状態が残されていることが基準になる。

そう考えると、私たち司書も、本の元の形をどうやって保存していくのかを、考えていく必要もあるのかもしれない。（→コラム◎図書館での資料保存、二〇三頁）

そこで、この『新京図書館月報』。

「たしかに、満洲にあった図書館がどういう本を所蔵していたのかとか、それをどういうふうに紹介していたのかは気になるよね」

私は手に取った二十五号の目次を開いた。

二ページに「曝《ばく》書」とあるから、ここの館でも特別整理期間にやったような蔵書整理をして、本の虫干しをしたのだろうか。新刊書の紹介やブックレビュー、本についての座談会など、当時の人たちも私たちと同じような本との関わり方をしていたことがわかる。

「これを展示したとして、来館者の人にどういうふうに見てほしいかは難しいですよね」

「そのあたりは、キャプションで説明するしかないんだけれど」

「智香さんじゃないと書けない気がします」

「それに、どこを開いて展示するかの判断も、ちょっと難しいんだよ。展示全体のコンセプトとか、展示のどのコーナーに置くかによっても違ってくるし」

「私たちは、学芸員とか研究者の人みたいに、そういうことを考えるのが専門ではないですもんね」

裕美の言うとおりだ。図書館で展示の企画をしようとすると、いつのまにか私たちは、学芸員の人たちのような仕事をすることになる。

前に市立博物館の学芸員の人が、自分は学芸員ではなく「雑芸員」だと愚痴をこぼしていた。学芸員としての仕事以外にも、いろいろな事務作業が求められるかららしい。

そういう状況は、公共図書館の司書も変わらない。とはいえ、今回のような凝った展示を当たり前のように企画してしまう智香さんは、司書としてもかなり特殊なスキルを持っているような気がする。私も智香さんと同じくらいのことができるようになりたいとは思うけれど、どれくらい勉強をしていけばいいのか見当もつかない。

「腰を痛めているから、智香さん、戻ってきても力仕事は避けたほうが良いと思うんだ。だから、展示用のガラスケースとか、パーティションだけでも準備しちゃおうか」

私はそう言って席を立ち、展示室に裕美を連れ出した。


花崎司書を呼んでほしい。そんな問い合わせが一階のカウンターにあったのは、二日後の午前中のことだった。

こうして一般の利用者から特定の館員が呼び出されたときには、基本的には対応しないよう、図書館運営センターのカウンター担当者には依頼してある。図書館では特に女性司書を狙って、ただ話がしたいという理由で呼び出すような利用者も少なくないからだ。

だから、対応した委託スタッフから事務室にかかってきた内線電話に、私は首を傾げていた。聞けば、寄贈図書のことで話がしたいのだという。

それで、私は慌てて立ち上がり、階段を駆け下りた。

カウンターにいたのは、六十代くらいに見える男性だった。痩せていて背が高く、すらりと背筋を伸ばして立っている。

「申し訳ありません。あいにく、花崎は本日お休みを頂いておりまして……」

近寄ってそう頭を下げたところで、

「ああ、稲嶺司書ですね」と、いきなり苗字で呼ばれた。

私は動揺しながら、記憶をたどる。

……どこかで会ったことがあるだろうか。

けれども、「稲嶺司書ですね」と、確認するように言われたのだ。ということは、会ったことはないけれど、名前だけ知られているということかもしれない。

それもそれで、なんだか怖い気もする。

「……あの、どこかでお目にかかったことがありましたでしょうか？」

私はおそるおそる訊ねた。

私の言葉が意外だったのか、男性は目を少しだけ見開いた。

けれどもしばらくして、

「守山です。花崎司書に本の寄贈をお願いしたとき、稲嶺司書と一緒に対応すると聞いていたものですから」と、表情を崩して、続けた。

「どうです？　受け入れて頂けそうですか？」

私は、とっさに返事をすることができなかった。

何冊か受け入れることができるのは、間違いない。けれども、すでにうちの館や周辺の館に所蔵があるものについては、結論が出せていない。

「花崎司書からは、できればまとめて受け入れるように指示を受けています」

そう言って、当たり障りのない範囲で返事をした。けれども、

「稲嶺司書は、あの蔵書をどう思います？」

「……えっ？」

いきなり話を振られて、私は混乱する。

「最近の公共図書館は新しい本をどんどん入れないといけないので、ああいった古い本やレコードは、難しいでしょう？」

「そうですね……」

私は曖昧な笑みを浮かべてから。気を取り直して続けた。

「でも、昔の満洲で刊行された地図とか、戦前のアンカット本とか、初めて見るものが多くて面白いです」

「なるほど、そこですか」

「……あの、変でしょうか？」

「いえ。装丁に興味を持つというのは、司書にとってとても大切なことです」

「頂いた本については、冊数としてもそんなに多くないですし、今度の展示企画とも関わる本なので……もし上から許可が下りたら、まとめて所蔵したい思います」

言葉をひとつひとつ選ぶようにして、私は説明をした。間違ったことは言っていないはずだ。今、この場で、寄贈図書をまとめて所蔵するという確約をすることはできない。

「そうですか……」

守山さんは納得したように二度、三度と頷いて、続けた。

「では……別件で申し訳ないのですけれど、稲嶺司書に少し、

いろいろな装丁

アンカット本とは、その言葉のとおり「カットしていない」本のことです。この『司書のお仕事2』の本を見ていただくと分かりますが、紙が綺麗にカットされて、三方向ともページの断面が滑らかになっていると思います。これは、印刷、製本したあとに、三方を化粧裁ち（カット）しているからです。このカットがされていないものが「アンカット」です。現在の本では、いくつかの文庫本で天アンカット（本の上部がカットされず、ガタついているもの）の装丁を見ることができます。ハードカバーの上製本や、文庫などの並製本、その中間ぐらいの仮フランス装など、本にはさまざまな装丁がありますので、機会があれば見比べてみてください。最近は一八〇度パタンと開くことができるコデックス装もよく見かけるようになりました。

お願いしたいことがあるんですよ」

「それで……提案をお受けしたの⁉」

その日の午後。守山さんのとのやりとりを、遅番で事務室に出勤してきた麻美さんに話して聞かせた。麻美さんは、信じられないという様子で目を丸くした。

「本を頂いているのに、申し訳ないですし……」

「寄贈図書の件とイベントのとは、話が別だよ」

「でも、智香さんなら大丈夫じゃありません？　もともと十人でお話をする予定がまだ九人しか決まってなかったわけですし」

「それはそうだけれど……なんで外部の人が、わざわざ智香さんを指名したんだろう」

麻美さんの性格上、もし私と同じ状況になったら、きっと守山さんからの申し出を引き受けるはずだ。けれども、

「いちおう、再公募の形をとったほうがいいとだけは言っておくよ。また別に参加したいという人が出てくるんじゃないかな」と、麻美さんはやれやれと言ったふうに腕組みをして、大きく息を吐いた。

守山さんから提案されたのは、私が準備をしているいろいろな業種の人に自分の仕事について話してもらうというイベントに、智香さんに登壇してほしいというものだった。参加希望者の申し込み期限は先週の始めに締め切っているので、残り一人をどうするか、今週中に結論を出すことになって

いた。

守山さんは、カウンターの脇に貼られていたチラシを指で示しながら、自分もイベントに参加をして花崎司書の話が聞きたいのだが、登壇の予定はあるのだろうかと言った。おそらく、お仕事紹介の例として、図書館司書が挙がっているところを見たのだろう。

イベント提案者の私としては、最初の募集で予定人数に満たなかったのだから、残りの分については公募ではなく依頼でお願いするつもりだった。だから、守山さんの提案は、ある意味でありがたかった。

「それで……守山さんって、どういう方なの？」

麻美さんの問いかけに、私は、守山さんから受け取ったレファレンスの申し込み用紙を手に取った。

「もともとは学校の先生をされていた方で、今はお住まいの自治体で、非常勤の学校司書をされているみたいです」

「味岡に住んでるわけじゃないの？」

麻美さんは、目を丸くして声をあげた。

その声を聞いて、私もようやく気が付いた。守山さんは味岡市の在住ではないのに、うちの市立図書館でのイベント参加や、図書の寄贈を申し出ていたのだ。

「味岡市民ではないから本の寄贈やイベントへの参加を受け入れないというわけじゃないけれど……」

麻美さんはそこで、言葉を詰まらせた。いろいろ言いたいことはあるのだけれど、あえて口には出さないでいるといった様子だった。

＊　＊　＊

智香さんがようやく復帰したのは、腰を痛めて休み始めてから五日目のことだった。

「サポーターで固めている状態だし、まだ重いものを運んだりはできないんだけれど……」

申し訳なさそうにしながらも、智香さんはすぐに自分のデスクで作業を始めた。

休んでいるあいだに溜まっていたメールの返信を智香さんが終わらせたところで、私は守山さんの寄贈図書リストと、展示に使う本のリストを手渡した。

「急いで作ったので、ちゃんとできているかどうか不安なところもあるんですが」

「双葉ちゃんが作ったのなら平気よ。むしろ、私が最後まで作れなかった展示リストをこんなに短期間でやってくれたんだから、感謝しなくちゃ」

智香さんは真剣な表情になって、紙の上に視線を走らせた。

しばらくすると椅子から立ち上がり、事務室の隅に積まれていた守山さんの本を何冊かピックアップして持ってくる。

……もしかしたら、何か気になるところがあるのだろうか。

智香さんがチェックしているあいだ、自分の仕事をしていれば良いのだ。けれども私は緊張して、それが終わるのを待っていた。

五分ほど経ったところで、智香さんがようやく口を開いた。

「うん、よくできていると思うわ」

「そうですか……よかったぁ」

私はホッと胸を撫で下ろして、大きく息を吐いた。

「基本的に、双葉ちゃんが挙げてくれた本を展示することで問題ないんだけれど……少しだけ、入れ替えて良いかな？」

「ええ、もちろんです」

「そう。良かった」

智香さんはホッとしたように声を出してから、さっき持ってきた守山さんの本を私の前に積み上げた。

満洲で出版された本や、満洲の資料……ではないらしい。

日本で発行された小説の本と、レコードのようだ。

「ねえ。これ知ってる？」

智香さんが。私のほうに差し向けた。

本には「白蘭の歌」とタイトルがあり、作者は久米正雄となっている。

国会図書館のＮＤＬ—ＯＮＬＩＮＥで調べたところ、インターネットで全文の画像が公開されていた。それからＣｉＮｉｉで検索すると、新潟大学に所蔵があることに加えて、ゆまに書房から出た復刻版を三十二箇所の大学図書館が所蔵していることになっている。

けれども、近代文学といえばまず検索をする東京の駒場にある日本近代文学館や、味岡周辺の公共図書館には所蔵がなかったから、受け入れる予定で私が紙を挟み込んである。

レコードのほうはジャケットが残っておらず、むき出しになっている板が、ポリプロピレン製の透明な袋に入っている状態だった。

レコードの真ん中にあるラベルには日本コロムビアのロゴがあって、小説と同じ「白蘭の歌」というタイトルの曲らしい。伊藤久男・二葉あき子というのが、歌手の名前だろう。タイトルの上に「大毎・東日連載・東宝映画『白蘭の歌』主題歌」とある。作詞が小説と同じ久米正雄になっているので、彼の小説を映画化したときに、その作詞も原作者が手がけたものだということがわかる。

「久米正雄ってたしか、夏目漱石の弟子で、芥川龍之介と仲が良かった人ですよね？」

私は、大学で受けた近代文学史の授業を思い出しながら、確認するように訊ねた。

「よく知ってるわね」

「でも、小説は読んだことないです」

「今、久米正雄の小説を読む人って、なかなかいないんじゃないかな。たしか二〇一九年に、岩波文庫から作品集が出ていたと思うけれど……」

私は自分のデスクに置いてあったスマートフォンで、久米正雄という名前を検索する。本人の写真画像と、近代文学の作家をイケメンの二次元キャラクターに描き換えてしまうというゲームに出てくるキャラクターの画像が並んでいる。写真のほうはどういうわけか、どれも顔が妙にニヤけているように見える。

著作権保護期間が終了した作家の作品が無料で読めるサイト「青空文庫」にはあまり作品が収められていない。けれども実際には、かなり多くの小説や評論、俳句を作った人らしいことがわかる。

「そういえば、評論の『私小説と心境小説』は、文学史の授業で少しだけ読んだ記憶があります」

「そうね。たぶん、それがいちばん有名なんじゃないかな。『白蘭の歌』は調べた？」

「すみません」

私は慌てて、スマートフォンで検索した。

小説のタイトルではなく、映画のタイトルのほうがヒットする。往年の名女優で、戦時中は李香《りこう》蘭《らん》という芸名で中国人という触れ込みで活躍していた、山口淑《とし》子《こ》の出世作らしい。

「あっ……！」

映画の概要とあらすじを見たところで、私は思わず声をあげた。

レコードのラベルには東宝映画とあるけれど、実際は東宝映画と満洲映画協会の合作だという。長谷川一夫が演じた満洲で鉄道の技師をしていた松村康吉と、その恋人で、李香蘭が演じる李雪香が、抗日軍から満州鉄道を守るという物語だとされている。

そこでようやく気が付いた。

本の整理をするときには、本のタイトルや著者名、奥付の情報、本の判型といった、モノとしての本そのものが持っている情報には、細心の注意を払う。

けれどもそれだけでは、その本について知ったことにはならない。

本を書いた著者がどういう人か、その本はどこで出版されて、どのように流通して、内容的にどう分類されるか、どういう本を関わるのかといった情報を、できる限りたどっていく必要がある。

これは本についてリスト化するときだけでなく、カウンターでレファレンスを受けたときの調査でも、いちばんの基本となるべきこと。私はリスト作りを急ぐあまりその基本中の基本を忘れて、ほとんどタイトルだけで展示リストを作っていたのだ。

「『白蘭の歌』から始まる『大陸三部作』と呼ばれている東宝映画のシリーズって、日本と南満洲鉄道が傀儡《かいらい》国家として満州国を作ったとき、プロパガンダ映画だと言われていたらしいの」

智香さんはそう説明した。

「プロパガンダ映画、ですか？」

「日本の大陸進出を正当化するために、国策で作られたという位置づけかな。でも、内容的にはメロドラマとしての要素が強いから、単純に娯楽として消費していた観客も多かったかもしれないわね」

「『白蘭の歌』の公開が一九三九年なら、たしかに、そういう時代ですね」

「内容的にも盧溝橋《ろこうきょう》事件を扱っているし、久米正雄はこのあと、日本文学報国会の事務局長になる人だから」

「すみません……確認不足です。ちゃんと気が付くべきでした！」

私は深々と頭を下げた。日本文学報国会は、戦争を進めていく上での国の立場を宣伝するために作られた、作家たちの団体だ。つまり、『白蘭の歌』の内容面だけでなく、映画の受け取られ方や作られた経緯、原作者である久米正雄の位置づけから考えても、この作品は今回の展示にとって、なくてはならない作品だということになる。

「仕方ないわよ。ほとんど何も説明もしないいま、引き継いでもらったんだもの」

智香さんは、私を慰めるように、少しだけ早口に言った。

「……でも」

「私も、調べるのに手間がかかりすぎて、作業が遅れていたのよ」

……なるほど、どうりで智香さんが、いつもより展示の準備に時間がかかっていたわけだと、今さらながらに理解をした。

もしかしたら今回のような展示は、研究者の人に監修をお願いして、展示する本のリストや解

公共図書館の任務と目標

日本図書館協会（ＪＬＡ）による「公共図書館の任務と目標(http://www.jla.or.jp/library/gudeline/tabid/236/Default.aspx)」は、一九八九年に公表されたもので、二〇〇四年に改訂されています。図書館の運営や機能などがわかりやすくまとまっており、例えば市町村図書館と県立図書館の役割の違いなども書かれています。本来は「各図書館で計画をたてる際の、公共図書館ならここまではクリアしてほしいレベルの指針」という設定で作られたものですが、たしかにそうだと感じる部分もあれば、なかなか厳しい理想だと感じる部分もあるのではないでしょうか。なかには「過少な経費は、住民に失望感を与える図書館をつくり、結果として無駄となる」という一節もあり、今回読み返していて思わず苦笑いしてしまいました。要するに、あまりにも予算が少ないと「こんな貧弱な図書館では役に立たない」と市民に判断されて、使われなくなってしまうということですね。インターネットで読むこともできますので、興味があればぜひ一度目を通してみてください。また、自館の運営方針や選書方針などをサイトに掲載している図書館もありますので、お近くの図書館のサイトを見てみるのも面白いと思います。

説を作ってもらったほうが良かったかもしれない。

けれども、智香さんはそうしなかった。自分で研究者や学芸員の人たちがするような仕事を引き受けて、展示を作ろうとしていたのだ。

智香さんは続けた。

「もちろん、今回みたいな展示を司書だけで作ることができれば、それが理想なんだけれど。他にも仕事はいくらでもあるし、もしかすると、司書はここまでの仕事を求められていないのかもしれない。でも、図書館がどういう機能を持っているか、図書館でどういう調べものができるのかを示すのは、司書のお仕事だもの。どんなに難しいことでも、できる限りのことはしたいじゃない」

その言葉に、私はぎゅっと唇を噛《か》みしめた。

司書になってもうすぐ二年。

自分では、少しくらい司書の仕事ができるようになったつもりでいた。

けれども、まったくそんなことはなかったのだ。私はまだ司書の仕事の入口に立ったくらいで、その先にある深遠な世界がまだ見えてはいなかった。

その世界は、もしかすると数十年という年月を重ねても辿り着けないのではないかと思えるほど、深い森のように入り組んでいる。どんなに本や、本を書いた著者についての知識を増やして、その周囲にあるさまざまな情報を追いかけていっても、まだわからない領域が果てしなく広がっている。

「智香さん！」

そのとき麻美さんの声が部屋に響いた。黄色いエプロンを付けているから、児童書コーナーからやってきたことがわかる。

「あら、麻美ちゃん」

「お久しぶりです」

麻美さん本人としては、ふだん通り接しているつもりなのだろう。けれども、少しだけ声がいつもより高いので、智香さんが戻ってきたことへの喜びが漏れ出している。こういうときの麻美さんは、ちょっとだけ、飼い主に甘えているときの子犬を連想させる。

「腰は良くなりましたか？」

「ええ、だいぶ良くなったみたい。ありがとう……迷惑をかけちゃったわね」

「いえ、とんでもないです。智香さん、働きづめでしたから」

智香さんは守山さんの寄贈図書リストにとチラリと視線を落として、

「このリスト、麻美ちゃんも手伝ってくれたの？」と、訊ねた。

「いえ、双葉がほとんど全部、一人でやったんです」

「へえ……そうなの」

智香さんはもう一度紙の上に視線を落とした。そのまま何も言わずに、少しだけ頬を綻《ほころ》ばせる。

「そういえば、ずっと気になっていたんですが……」

「なあに？」

「守山さんの寄贈図書、どうしてまとめて全部引き受けたんですか？」

「ああ……そのこと」

「うちの館や近くの館に所蔵がある本は、廃棄してしまっても良いと思うんですが……もしかして、今回の展示企画が満洲を特集していることと、何か関係がありますか？」

麻美さんの言葉に、智香さんは驚いたように目を見開いた。

やがて、考え込むようにぼんやりと天井を見上げると、

「双葉ちゃんが企画した職業紹介のイベント、守山さんからの提案で、私が出るかもしれないってことになっていたのよね？」と、不意に私に向かって微笑んだ。智香さんには、メールで連絡していたのだ。

「えっ？　……あっ、はい」

予想していなかった問いかけに、私の声は思わず裏返ってしまう。

「じゃあ……その一枠、引き受けようかな。双葉ちゃんも話す予定になっていたと思うから司書が二人になってしまうけれど、それで良い？」

「館長に確認してみますが、大丈夫だと思います」

「そう」

智香さんは何かに納得したように二度、三度、小さく首を縦に振った。そして、私と麻美さんとを交互に見て、続けた。

「今回の展示企画と守山さんの寄贈図書のことは、双葉ちゃんのイベントで話を聞いてもらえれば、そのときにわかると思うな」

＊　＊　＊

二週間が経ち、智香さんが企画した展示が始まった。

満州国の成立、満州国の発展、満州国での生活、味岡市周辺から満州へ行った人びと、満洲からの引き揚《あ》げ。

展示室を五部構成にパーティションで区切って、それぞれのコーナーに十点から十五点ほどの本と関連する文書資料とを並べ、解説のキャプションを付けている。その他にも、本に掲載された写真を引き伸ばしたものや、手書きの資料を活字に起こしたもの、それらについて解説した文章を、パネルにして貼り付けている。

中学校や高校の教室二つ分くらいの広さで、カーペットを敷いただけのだだっ広い空間だった展示室は、ちょっとした博物館のように見違えていた。

いちばんの心配は展示室の来場者だったけれど、図書館運営センターの委託スタッフにお願いして、カウンターに本の貸借や相談に来た利用者の人たちに、チラシを渡してもらうことになった。そのおかげか、初日から平均して一日に四十人程度が、展示室を覗いてくれるようになった。

「二週間の展示期間だから、五百人くらいの来場者があれば十分じゃない？」

下諏訪館長はそう言ったけれど、目標の来場者数を超えるまで、そう多くの日数はかからないように思えた。

展示が始まってから一週間目の土曜日。

夕方に開催するイベントの準備のために、私は朝早くから職場に向かった。

ちょうど図書館の職員用出入口に向かうところで、智香さんが鞄の中から鍵を取り出そうとしている姿が見えた。

「すみません。鍵開け当番は私なのに、遅くなってしまって」

私は智香さんに駆け寄って、声をかけた。

「ううん、気にしないで。私が早く来すぎただけだから」

「今日はどうしたんですか？」

たしか智香さんは遅番で、二時の出勤になっていたはずだ。

「イベントで登壇してお話するでしょ？　先にその準備をしておきたくて」

「ああ……なるほど。急にお願いしてしまって、申し訳ないです」

「いいのよ。私も納得して、引き受けたんだから」

智香さんは声を出しながら、鞄の中に手を入れて、もぞもぞと動かした。やがて、淡いピンク色の紙を巾着の形にした包みを、私のほうに差し向けた。

「はい、これ。このあいだ、お見舞いに来てくれたお礼。クッキーを焼いてみたの」

「ありがとうございます。なんだか気を遣わせてしまったみたいで……」

「いいのよ。それに、私の部屋が『魔窟』だっていうことを他の人たちに言わないように、口止め料も兼ねているから」

「あっ……」

悪戯《いたずら》っぽい笑みを浮かべながら向けられた言葉に、私は声を漏らした。

智香さんの部屋を訪ねた翌日、すでに麻美さんには、智香さんの部屋の様子を嬉々として報告してしまっていたのだ。プライベートなことなので、少し軽率だったかもしれない。

「すみません……私、麻美さんにちょっと、話しちゃいました」

私がおずおずと声に出すと、智香さんは、「知ってる。いいのよ、麻美ちゃんなら」と、笑って、続けた。

「じゃあ、お詫びに……今度、双葉ちゃんと麻美ちゃんが他の図書館を見学に行くとき、私も一緒に連れてってくれないかな」

「……もちろんです！」

とっさに大きな声で返事をしながら、私は内心で首を傾げる。

今まで智香さんから、こういう話を振られたことはなかったのだ。どうして急に、こんなことを言い出したんだろう。

そんな私の疑問は、智香さんの言葉ですぐに明らかになった。

「本当は、もうちょっと早く、二人と一緒に行きたかったんだけれど……なかなか言い出せなくって」

「えっ？」

「三年前に麻美ちゃんが、二年前に双葉ちゃんが続けて入ってきたでしょう？　だから、先輩として振る舞わないといけないって、ちょっと身構えていたのかもしれないわね。図書館はなかなか新しい人を採用できないから、私もけっこう年数を重ねていたわりに、後輩ができるのは初めてだったから」

私は智香さんの言葉を、意外な思いで聞いていた。

いつも穏やかで、優しくて、仕事がきちんとできて、時にはきちんと叱ってくれて。智香さんは私や麻美さんにとって、ほとんど完璧な司書であり、憧れの先輩だったのだ。

そんな智香さんが、後輩として司書を育てるという仕事をすることに対して気負っていた。それは、私が想像したこともなかった、智香さんの姿だったのだ。

なおも、智香さんは続けた。

「でも今回、私が休んでいるあいだに双葉ちゃんや麻美ちゃんが、きっちり仕事を続けてくれていたでしょう？　二人とも司書として力を付けているんだな……って思ったら、もう私は、先輩として接するんじゃなくて、同じ司書の仲間として、一緒にスキルを身に付けていかないといけないって思ったの。私だって、未熟なことはたくさんあるから、もっと勉強していかないと」

「そんな……！」

そんなことない。

私は守山さんの蔵書整理を十分にやりきれていなかったし、だからこそ展示リストには大きな穴があった。智香さんのように、今回のような企画を一人で作りきることはできない。

そう言おうとして、私は口を噤《つぐ》んだ。

智香さんが言おうとしているのは、そういうことではないと思ったからだ。

司書が一人で仕事をするのは、限界がある。

どんなに優秀な司書だったとしても、どうしても選書や分類で疑問が残る部分は出てきてしまうし、情報を整理して利用者に届ける仕事である以上は、その情報に誤りが出てしまう可能性は残されている。

だからこそ、司書は必ずチームとして仕事をしなくてはいけない。単純に指導する側、される側という関係ではなく、お互いがお互いの仕事をチェックしながら、よりよい仕事になるように協同して仕事を進めていかないといけない。そのためのスキルを、お互いに伸ばしていかないといけない。

きっと智香さんが言いたいのは、そういうことだ。

だから私はただひと言、

「じゃあ、麻美さんにも伝えておきます！」と、いつものように明るく、はっきりと返事をした。

他の図書館員や利用者と、物怖じせずに、はっきりした言葉でやりとりすることができる力。それが、この図書館で私にいちばん求められている役割だと思っているからだ。

「三人でお出かけする日は、館長に鍵開け当番をお願いしようか。たまには館長にも、もう少しちゃんと館の仕事をしてもらって良いと思うの」

智香さんはクスリと笑うと、冗談めかしてそう言った。

午後三時半。四時から始まるイベントの開場時間になると、展示室の隣にある視聴覚室の前には、ずらりと列ができていた。

麻美さんが味岡市立大学の高岡先生にお願いをして、いろいろな職業に就いている人たちに話をしてもらうこの日のイベントを、大学のキャリア教育の授業の一環として紹介してもらうことができた。

「このイベントに出ると、大学のゼミに一回出席したことになるんだって」

麻美さんはそう言って苦笑していたけれど、そのおかげで、八十人近い大学生が、会場に来ることになった。イベントが始まるまでの時間に展示を見てもらうこともできるので、その内容も合わせてレポートに書くという課題になっているそうだ。

ラウンドテーブル形式のトークイベントなので、会場にはまず登壇者十人分の椅子を円形に並べ、その周りを取り囲むようにして一般来場者が座る席を用意してある。

あとは、プロジェクターとスクリーン、講演用と質問用のワイヤレスマイクを準備すれば、それだけでだいたいの形になる。

図書館のイベントはどうしても、日常業務の合間に進めることが多い。だからこうして、できるだけ簡略な形でできるようにセッティングする。

イベントは館長の挨拶に始まって、市役所の職員、中学校の先生、警察官、消防士、地元企業で働く人……といった人たちが、一人十分ずつ自分の仕事内容について話していくというものになった。一〇〇分の発表が終わったあとに休憩を挟んで、登壇者どうしのやりとりや、一般来場者からの質問で、およそ一時間とる予定になっている。

たとえば中学校の先生は、どうしても生徒から見えているのは、授業をしている時間や、生徒指導をしている時間になる。けれどもこのイベントでは、校務と呼ばれているそれら以外の仕事内容や、教育委員会とのやりとり、保護者対応、生徒が長期休暇に入っている時期の仕事といった、生徒として教師に接しているときには見えてこない仕事の部分に焦点を当てて話してもらうことができた。部活動が本来は学校の先生の業務ではなく、基本的にはボランティアとして生徒の面倒を見ているという説明には、会場でどよめきが起こった。

私は、九番目の登壇者になった。一般の利用者から見えやすいカウンター業務ではない、それ以外の司書の仕事に絞って話をした。前の発表者の人たちで少しずつ時間が押してきていたので、できるだけコンパクトに六分くらいでまとめることになったので、少し消化不良の感があった。

最後の登壇者が、智香さんだった。

プロジェクターに映し出すために使うタブレットPCを手にした智香さんは、立ち上がると、チラリと会場の入口付近に視線を送る。そこには、守山さんの姿があった。

「今、稲嶺司書から、司書が事務室でしている日常の業務についてお話がありました。ですので、私からは、少し違った角度からお話したいと思います」

智香さんはそう言って、会場をぐるりと見渡しふたたび口を開いた。

「今、隣の部屋で、本館の企画展示『満蒙開拓団と味岡の人びと』を開催しています。すでにご覧になった方もおられるかと思いますが、この企画は、本日会場にいらして下さっているとある方から多くの本を寄贈して頂けるという話があって、企画したものです」

会場全体に、ざわめくような空気が広がった。

多くの人たちが、チラチラと左右を見たり、入場のときに配った展示のチラシを見たりしている。

その空気がいったん落ち着いたところで、智香さんはふたたび口を開いた。

「私が、今回の展示を考えるようになったのは、入職してちょうど二年くらい経ったときのことです。その寄贈者の方のお知り合いからご相談のあった、一つのレファレンス調査がきっかけでした」

智香さんが語り始めた話を、私は始めて耳にすることになった。それは、企画会議のときにも出てこなかった内容だったのだ。

七年前。

私の実家近くにある分館に勤務していた智香さんがカウンターで仕事をしていると、八十歳くらいの男性がやってきたそうだ。

――絵本を一冊、探しているんですが。

その男性は、柳田と名乗った。分館は一般書よりも、児童書が所蔵の中心になっている。だから、ここへやってきたのだろうと、智香さんは考えたという。

——どのようなものをお探しですか？

何気なく訊ねた智香さんは、このレファレンス調査で大変な苦労をすることになる。

——赤羽末吉が描いた、日本のこけしの絵を表紙に使った本を探しているんです。

赤羽末吉は、一九六〇年代以降、絵本を中心に活躍した画家として知られている。いちばん有名なのは、大塚勇三『スーホの白い馬』の絵を担当していることだろうか。

けれども、柳田さんの相談を受けて智香さんが論文や研究書を検索したところ、一九三二年に満州国の大連市に移住してから美術関係の仕事をしていて、一九四七年に日本に引き揚げるまでのあいだに、地元の新聞や雑誌で挿絵付きの原稿を描いていたことがわかった。特に終戦したあと満洲に残っていた二年間は、満洲にいる子どもたちを少しでも慰めようとして、絵本を作っていたという記録があるそうだ。

柳田さんが探しているのは、まさにその絵本だった。

けれどもこの絵本は、当時の智香さんが三十分ほど調べても、まったくみつかる気配がなかった。国会図書館をはじめとした国内の図書館ではもちろん、中国の図書館でも所蔵しているところはないようだった。赤羽末吉の回想を読んでも、どれくらい印刷したのかさえわからないのだという。もしかすると、ほとんど自費出版のような形で刊行したのかもしれない。

——やはり難しいですか……。

こういうときのレファレンス対応としては、基本的にはその場で謝罪をして、県立図書館に電話をして問い合わせて資料の複写依頼を出したり、館によっては県立図書館のレファレンス専用電話番号をお渡しし、お帰り頂くことになる。その上で、連絡先だけを聞いておいてレファレンス協同データベースに登録をしておくと、その記事をみかけた他の司書や、研究者の人が、調べてくれたりすることもある。

けれども智香さんは、それだけの対応では終わらせなかった。柳田さんに同意をとった上で連絡先を頂いて、五日間の調査期間をもらい、経過報告をするという約束をしたのだ。

「今になってみれば、この対応が正しかったのかどうかはわかりません。少なくとも他の司書に同じやり方を勧めることはできないと思います」

智香さんはそう言い添えた上で、話を続けた。

業務外の仕事になるので、勤務時間中に調査を続けることはできない。そのため智香さんは、毎日の業務が終わったあとで館に残ったり、大学図書館に行ったりして、資料に当たることにした。

赤羽末吉の自伝や画集、研究書、著作目録や展示目録。手がかりになりそうな資料やコピーを他館や国会図書館から取り寄せてリスト化していく。

けれども、一週間、二週間と調査を続けても、相談のあった本は出てこなかった。それでも智香さんは五日ごとに柳田さんにメールを送って、調査の状況を報告した。

もしかしたら、司書としての力を試されているのかもしれない。

当時の智香さんは、そう思ったそうだ。

柳田さんがふたたび分館にやってきたのは、最初の相談から三週間後。智香さんが四回目の報告を送った翌日だったという。

――こんなに熱心に調べて下さった司書の方は、初めてでした。

柳田さんはひと言そう言って、自分のことを語り始めた。かつて赤羽末吉と同じように満洲にいたこと。日本に戻ってから司書になり、定年まで学校司書として高校に勤務していたこと。そして、ずっと満洲のことを調べており、満洲で出版された本を収集しているということ。

そのコレクションの一部を、智香さんは見せてもらったのだという。そして、柳田さんが探している絵本は、その中でも特に印象に残っていて、どうしても実物をもう一度見たいと願った本だった。

――満洲から引き揚げる直前だったので、私がまだ十代の半ばのときでした。満洲の大連にあった書店に並んでいた絵本の表紙に一目惚れして、手を伸ばしたんです。でも、当時はお金がなくて買うことができなかったのです。

そう言って、一冊の本を智香さんに差し向けた。

それは、松尾茂作・劉揖唐《りゅうゆうとう》訳の『満洲月暦』という子ども向けの絵入り本で、今の長春市に当たる新京市と呼ばれていた満洲国の首都にあった満洲冨山房――冨山房という出版社の満洲支社から、一九四四年に刊行されたものだったという。これは今でも、味岡市立図書館の書庫に保管されている。

柳田さんは言った。

――これは、今回の調査のお礼です。あなたの図書館に寄贈しましょう。……そのかわり、あなたが今回の調査でいちばん良いと思った本を一冊、教えて下さい。

そしてこのときの柳田さんの蔵書の一部を引き継いだのが、今回、味岡に寄贈された、守山さんの蔵書なのだという。守山さんは教師をしていたとき、柳田さんの後輩として同じ学校で働いていたのだそうだ。

そこまで話し終えたところで、智香さんは会場に来ていた聴衆と、発表者の人たちに向かって顔をあげた。

「個人の蔵書は、その本を一生をかけて集めた人にとっての、人生そのものだと言えるでしょう。たしかに、蔵書計画、蔵書可能な書庫の量を考えれば、複本――複数の同じ本が所蔵されている事態は、できるだけ避けるべきなのかもしれません。けれども、寄贈された個人の蔵書が欠けてしまったら、かつてこの本たちを持っていた人の人生の一部が、失われてしまうことにもなりかねない。全部を受け入れるのは無理だとしても、せめてその本を持っていた人が大切にしていた部分だけは、所蔵していきたいと考えています」

それは、今の図書館の状況に対する、智香さんなりの思いだったのだろう。

そして最後に、智香さんは声を張り上げた。

「図書館というのは、本と人とが出会う場所です。皆さんにとっては何気ない一冊の本かもしれないし、もしかしたら不要なものだと思えるかもしれません。でも、他の誰かにとっては、その本はかけがえのない一冊になるかもしれない。そして、もしそういう本を持っていない人でも、図書館に来たらそういう一冊に出会うことができるかもしれない。私たちは、その一冊に出会うことを手助けするのが、図書館司書のお仕事だと思って、毎日の業務に当たっています」

智香さんはそう言って、深々とお辞儀をした。

会場は大きな拍手に包まれた。

その音は幾重にも折り重なって、いつまでも図書館に響いていた。

＊　＊　＊

イベント終了後。智香さんは会場の隣にある展示室で、ギャラリートークを担当していた。イベントの参加者にいた大学生がこの展示についてもレポートを書かないといけないため、キャプションでは説明しきれなかった部分について解説を行うことになったのだ。

ようやく三階の事務室に戻って戻ってくるなり、智香さんは、「あーん。腰いたーい！」と、甘えるように言って、私の背中に抱きついた。

「智香さん!?」

私は思わず、声をあげた。

「いいじゃない。たまに麻美ちゃんがこうしているのを見て、うらやましかったんだもん」

そういえば麻美さんは、仕事で追い込まれると、ときどき急に子どもじみた態度になって私に甘えてくる。

智香さんはクスクス笑いながら私から離れると、

「ねえ、今日の私のプレゼン、どうだった？」と、訊ねた。

「とても良かったです！　私、感動しました」

私はとっさに答える。

けれども、智香さんはしばらくのあいだ、うーんと唸って考え込んでいた。そして、

「そうかな……司書としてはかなり、ツッコミどころがあると思ったんだけれど」と、ぽつりと漏らすように言った。

「そうですか？」

「だって、今の図書館は、『知識と情報の行き交う場所』として再定義が進んでいるでしょう？　市民がパソコンを使って情報を調べたり、よりたしかな知識や情報に触れられたりするように手助けをすることが優先されることが多いから。本をめぐるやりとりや、利用者とのコミュニケーションを重視するような考え方は、一世代前……もしかすると、二世代くらい前の図書館学で強調されていたことじゃない」

「それを言われると、コミュニケーション力くらいしか取り柄のない私には、ちょっと痛いですが……」

「そう？　双葉ちゃんだって、入職した頃よりもずっと司書の仕事ができるようになっているじゃ

ない」

「そんな……私なんて、まだまだです」

「それは、私も一緒よ」

智香さんは落とすように微笑み、私の肩に両手を乗せて続けた。

「……でもね、さっきイベントで話したことは、半分くらい本音でもあるの。今の図書館はたしかに、『知識と情報の行き交う場所』であることが求められているのかもしれない。でも、同時に図書館は、こうして『人と人とが出会う場』であり、『本を通じて、かつて生きていた人と、今生きている人とが出会う場』でもあってほしい。双葉ちゃんなら、きっとそんな仕事がきっとできるだろうと思ってる」

そう言ってから大きく体を伸ばし、

「さあて……また明日からも、お仕事がんばらないとね」と、智香さんは自分のデスクに戻っていった。

司書の仕事をしていると、どうしても日常の業務に追われてしまう。受け入れ図書の選書や蔵書整理、事務仕事、レファレンス……と、次々に仕事が押し寄せてくる。いくら時間があっても足りない。

それでも、こうしてときどきいろいろなことを考えさせられる機会があって、私たちは新しいことや、他の司書の人たちが考えていることに触れながら、試行錯誤を繰り返していく。

そうした毎日が、次の仕事をしていくことにつながっていく。

そして私は、そんな司書としての毎日を、とても愛おしいと思えるのだ。

コラム◎寄贈図書

家で不要になった本、あなたならどうしますか？　古本屋さんに持ち込みますか？　それとも資源ごみへ？　あるいは近所の図書館に寄贈しますか？

現在、「無条件で本の寄贈を受け入れている」図書館は非常に稀だと思います。たいていは「いただいた本についてはすべて図書館にお任せください」「このような本はお断りしています」などの条件があり、なかには「原則的に寄贈はお断りしています」というところもあります。それほど図書館は慢性的に本棚不足で、物理的に逼迫《ひっぱく》していることが多いのです。たいていは図書館サイトで寄贈について広報していますので、事前に調べておくと「せっかく重い本を持って行ったのに、無駄足に終わってしまった」という悲劇を防げます。

実際の受け入れ作業に関する事情には本文中で触れられていますが、「古い実用書」が真っ先に不要と判断されるのには理由があります。様々な面から本の内容が古くなってしまっているのです。

最後にもうひとつ、本の活用方法として、古本を送ることで寄付になる方法もあります。

・こどものみらいふるほん募金（https://www.books-kodomonomirai.jp/）

・ブックフォースマイル（https://www.bookforsmile.jp/）

他にもさまざまなサービスがあります。「本　寄付」で検索してみてください。たいていの条件は「ISBNのついた本」などとなっており、図書館の寄贈より幅広い本が受け入れられていると思います。

コラム◎図書館と生涯学習

「図書館法」という法律があることを、『司書のお仕事』をお読みになった方ならばご存知だと思います。それでは、この法律は一体どこに位置づけられるのでしょうか。

まず、すべての大本は「憲法」です。その中で教育について定めた「教育基本法」があります。教育はさらに二つの要素にわけられ、「学校教育法」「社会教育法」が作られました。図書館法は、この「社会教育法」と密接な関連があります。図書館は学校以外の「教育機関」であるともいえるでしょう。

それでは「生涯学習」というのはどういう意味でしょうか。定義はさまざまありますが、さきほどの法律の関係では「学校での学習以外の学習」ということになります。人生は長く、技術の発展がますます早くなる現代のような世の中では、学校で学んだ内容だけでは足りません。そのときどきに応じて学ぶことが必要になってきます。ですから、学校を出たあとも継続的に学習する機会が必要であり、そのために図書館や博物館、公民館などの社会教育施設があるのです。また、ここでの学習は、いわゆる「お勉強」、仕事に役立つようなものだけでなく、日常生活を営むためのもの、人生を豊かに過ごすためのものなど、多様な要素を含みます。

図書館法の第三条に、「読書会、研究会、鑑賞会、映写会、資料展示会等を主催し、及びこれらの開催を奨励すること」や「時事に関する情報及び参考資料を紹介し、及び提供すること」といった項目のほかに「社会教育における学習の機会を利用して行つた学習の成果を活用して行う教育活動その他の活動の機会を提供し、及びその提供を奨励すること」という項目もあるのはそのためです。

コラム◎図書館での資料保存

図書館にとって、資料の「保存」と「利用」の両立は、頭の痛い問題です。

身近な市町村の公共図書館では、ほとんどの本に透明の保護フィルムが掛かっていると思います。これはどちらかといえば「利用」を重視した状態です。図書館の本は何百回も貸出されます。もし書店で売っているような状態で貸し出せば、あっという間に表紙は破れ、汚れてしまうでしょう。そこで、少しでも本の状態を良く保つために、透明の保護フィルムを貼りつけています（とはいえ、中のページは保護できませんので、取り扱いにはお気をつけください）。しかし、これは「保存」の観点からすると、諸刃の剣です。まず、帯がありません（新刊のPRに使ったり、見返しに貼ったりする図書館もありますが、いずれにしても完全な形では見られません）。「カバーを外して本来の表紙を見る」こともできません。図書館によっては帯ごと保護フィルムをかけるところもありますが、そうすると今度は帯の下にあるカバーは見られなくなります。また、表紙に使われている紙の風合いや印刷のエンボス加工などをそのまま感じることもできません。さらに古い保護フィルムは劣化して、黄ばんだり溝の部分が破れたりします。ですから、保護フィルムによって強度を増すことはできますが、本来の「本」としての状態を保護できるわけではなく、むしろ元の姿に戻せない状態に損なってしまうのです。そこで多くの市町村図書館では、通常利用される本には保護フィルムをかけ、特に「本」としての状態を保護する必要のある本（貴重な郷土資料や古典籍など）だけは、保護フィルムを掛けないという選択をすることになります。

逆に大学図書館など「保存」を重視する図書館では、カバーをすべて外してしまう、という方法を取ることもあります。利用されるうちに破れてしまうカバーを事前に外し、本体の一部にバーコードと分類ラベルを貼るという手法です。カバーは見られませんが貸出でき、全体に保護フィルムを掛けないので、ある程度そのままの状態が保てます。

国立国会図書館でも基本的に帯やカバーを外しているのですが、二〇一四年から特に「造本装幀コンクール」に出品された図書の中から、元の状態のままの本を複本（同じ本の二冊目）として収集しています。

https://www.ndl.go.jp/jp/news/fy2014/1205363_1829.html

https://rnavi.ndl.go.jp/kansai-kan/entry/post-37.php#original

なお、本をカバーや帯を含めて極力そのままの形で保存するというのは、現在はどちらかといえば文学館などの「博物館」「美術館」の領域に近く、例えば京都国際マンガミュージアムのマンガには、取り外しのできるビニールの保護フィルムがかけられています。

もしかしたら遠い未来には、本の形の「貴重書」は図書館で保存するだけで貸出できなくなり、貸出するのは電子データのみになったりするのかもしれませんね。

おわりに

今回は「蔵書点検」や「地域連携」などを取り上げていますが、いかがでしたでしょうか。何かひとつでも「驚き」や「発見」があれば嬉しく思います。私自身は前回と同様に、双葉ちゃんたちの活躍を一足先に楽しませていただき、後輩ができて頼もしくなってきた双葉ちゃんに「立派になって……!」と親戚のおばさんのような気持ちになりました。

さて、おそらく今年出版される本の頻出フレーズだと思いますが、私も前回の本が出た頃には、まさかこんな未来が待っているなどとは想像もしていませんでした。

残念ながら多くの図書館が長期にわたり直接利用できなくなりましたし、現在でも再び利用できなくなっている図書館もあります。この本が出版される頃には、また状況が変わっているでしょう。

先の見えない直接利用停止の間、ホームページで情報を提供したり、郵送で本を貸出したり、館内の配置変更をしたり、前倒しで蔵書点検を行ったりと、どこの図書館もそれぞれに活動していました。また、再開に向けてどのように感染防止対策をするのか、どこでも会議の連続だったのではないかと思います。

近年、図書館は資料や情報を提供するだけでなく、人と人とが情報交換をする場所としても注目されてきました。大学図書館なら「ラーニング・コモンズ」、公共図書館なら「広場」であり「賑わいの創出」であったわけですが、それが一気に「集まれない」「交流できない」状況になってしまいました。

とはいえ「遠隔地からの利用」「図書館の利用に障害があるひとの利用」という課題は従来からありましたので、むしろ利用条件が変わることにより、従来「弱かった」部分のサービスが（遅まきながら）強化されていくのではないか、というかすかな期待もあります。

ただ、例えば電子書籍については、端末とインターネット環境、そして電源がないと利用できません。利用できる人が著しく制限されてしまいますので、そこは個人ではなく社会で解決していかなくてはならないと考えています。

なお、私個人の変化としては、講師としていくつか図書館学の講義を担当するようになったのですが、そちらも直接の講義に慣れないうちにオンライン講義となり、苦慮しているところです。もっとも学生のみなさんはもっと大変だと思いますが。

「図書館は成長する有機体である」というのは図書館学者ランガナタンの言葉です。社会の変化に伴い、図書館も大きく変化し成長せざるを得ないこれからの時代、私自身も成長し、なんとかその変化についていきたいと思っています。

小曽川　真貴

【著者・監修者紹介】

大橋崇行（おおはし・たかゆき）

1978年生。作家、文芸評論家、東海学園大学人文学部准教授。
上智大学文学部国文学科、上智大学大学院文学研究科国文学専攻博士前期課程を経て、総合研究大学院大学文化科学研究科日本文学研究専攻博士後期課程修了。博士（文学）。
小説の著書に『遥かに届くきみの聲』（双葉社）、『浅草文豪あやかし草紙』（一迅社）、『司書のお仕事』（勉誠出版）などある。
平成25年度全国大学国語国文学会「文学・語学」賞。

小曽川真貴（こそがわ・まき）

犬山市立図書館司書・日本図書館協会協会認定司書。

〔画像提供〕
株式会社ブレインテック、国立映画アーカイブ、国立国会図書館、
鈴鹿市立図書館、千代田区立図書館

ライブラリーぶっくす

司書のお仕事2

本との出会いを届けます

2020年11月5日　初版発行

著　者　大橋崇行
監　修　小曽川真貴
発行者　池嶋洋次
発行所　勉誠出版 株式会社
〒101-0051　東京都千代田区神田神保町3-10-2
TEL：(03)5215-9021（代）　FAX：(03)5215-9025
〈出版詳細情報〉http://bensei.jp

印刷・製本　中央精版印刷株式会社
装幀イラスト　こよいみつき
ISBN978-4-585-20075-8　C0000